専門家として本物の
先生になるんだ

子どもの側に立ち、子どもの身になりきって、日常の教育実践を貫くパワー
それこそが、先生が先生になったパワーです
元気な先生は、元気な子どもたちを育てます
子どもたちは、待ち望んでいます
難問であっても果敢にそれに立ち向かっていく元気な先生を

もくじ

表紙デザイン　朝光　功
ブックデザイン　ＢＡＱ

プロローグ

人を愛せない人間は
自分を愛することなどできません
自分を愛せない人間は
限りなく破滅に向かうしかありません

プロローグ

みなさん、こんにちは。河瀬哲也です。

この本を手にとっていただき、ありがとうございます。

これをご縁に子どもと教育・教師・学校について一緒に考え、難問山積の状況を少しでも良い方向へ向かわせることを切に願っています。

河瀬が書く本だから「教育実践書」だろうと思って手にしていただいたと思いますが、この本はそうではありません。河瀬が主張する教育実践をより豊かに展開していただくために教育現場の状況を踏まえて一緒に考えたいことをまとめたものです。

年々むずかしくなる子どもや父母への対応、子どもたちが求める授業のあり方、教師同士の人間関係等々について「学びたい」と先生たちが思っていることはよくわかっています。そうした要望に応えるために昨年、一昨年と二年つづけて二冊の本を刊行しました。本書は、それらの本に提起している実践の土台として必要な事柄をまとめたものです。

「本当のことを、ありのままに、くらしと結んで、誰にでもわかるよう」書き進めたつもりですが、理屈が多く、むずかしいという印象をもたれるかもしれません。でも、ここに書いた内容は、教師生活はもとより、フツウの人として生きていく上での基礎知識です。

「むずかしい」「めんどうだ」などと思わず、書かれている内容を日常のくらしと重ね合わせたり、子どもたちの顔を想い浮かべたりしながら読みすすめてほしいと思います。

「読みおち」そうになったらそこを飛ばして、より関心のある項目から読んでいただいても結構です。どの項目から読んでもらってもいいように編集したつもりです。

読み終えたとき、明日からの教育実践への意欲とともに、一人の人間として当たり前のくらしをつくり出す心構えがいささかでも生まれたらありがたく思います。

前置きはこれぐらいにして、さっそくはじめます！


教師という仕事は、そもそも何なのだ！どうしてこんなに混乱しているんだ！

みなさんはこんなふうに思っていませんか。

朝早くから夜遅くまで空虚な仕事に追い立てられ、毎日へとへとに……。

家に帰って家族と団らんの時間もない。

授業のための教材研究もろくにできない。

子どもたちとかかわる時間もごくわずか。

子どもと誠実に向き合うベテラン教師がつぶれていく。

どの教師も例外なく辛酸をなめている状態。

結果、「その日ぐらし」の毎日で、成就感、達成感、満足感、充実感などとは無縁。辞めたいけど生活があるから辞められない。こんな思いをもつ人が多くなっています。それは、定年を迎える前に退職していく先生が増えていることにもあらわれています。

考えてみれば、そういう思いをもつのは、今にはじまったことではありません。歴史を振り返れば、ずっとそうだったといえるかもしれません。もちろん程度の差はありますが。

それというのは、先生たちが「こうあるべき、こうあってほしい」と描き、願う教育の方向や姿と逆の方向に引っ張り、姿を変えていく「得体のしれない大きな力」が教育を、学校を、先生を「好きなように」動かしてきたことによります。それが現実です。

だからこそ、私たちは、その力に負けないよう、子どもたちを守るために仲間と力を合わせて、よりすぐれた教育を追求し実践を推し進めてきたのです。それは、得体のしれない大きな力との「闘い」でもあります。私はずっとそう考えてきました。今もその考えに変わりはありません。

ところが、この二〇年余り前からの日本社会の激変に、教育も学校も先生も「のみ込まれ」てしまってどうにもこうにも抗《あらが》いきれない状態に陥ってしまったようです。

ぼくの見た夢　　　　　　　剛

大きな商店の店先に
ぼくは並べられていた
ぼくも、ぼくのまわりの商品も
みんな値段がつけられている
それは偏差値である
お客(高等学校)は数値の高いものから買っていく
ぼくは売れ残ってなかなか売れない
店先では
売り子(教師)が品物をふいたり並べたりしていた

剛君はいま、四〇歳を越えました。三〇年も前に書かれた作品です。剛君は、「学力」が「商品化」されていることに「抗議」しているのです。教師は「売り子」で、お客は高等学校だというのです。こんなことが「夢」になってあらわれるのです。

学校で身につける学力と人間形成が全くといっていいほど結びついていないことがよくわかります。いや、両者は分裂し、「学力」によって人間破壊が引き起こされている状態だと言っても過言ではありません。

三〇年経った今、それはどうなっているのでしょう。

こんな状態に心を痛める先生や父母はたくさんいたはずなのに改善されるどころかもっとひどい状態になっています。剛君のように自分と自分の周りをしっかり見つめ「おかしいぞ！」という声をあげる子は影をひそめ、黙々と従順に勉強する子が増えているようです。でも、「おかしいぞ！」ともいえず、自分を押さえつけ、「あきらめて」いるのですから心の中に不満をいっぱいため込んでいきます。これでは勉強することと人間の生き方を結びつける道が失われていきます。時々あらわれる「殺すのは誰でもよかった」などという理解できない殺人事件は勉強のよくできる子どもが多いようです。勉強はできても人間の生き方と勉強が結びついていないことがよくわかります。それどころか、他人《ひと》も自分も、つまり、人間を破壊する力が働いてしまっているようです。

勉強することは学び合うこと、学び合うことは育ち合うことでなければならないはずです。勉強することは人と人とを結びつけていくというのが学問の基本です。それが失われつつあるのです。管理主義の下、競争教育が長年つづいてきた結果です。

子どもたちだけでなく、先生たちの世界にも同じことが迫っています。

先生の「商品化」は、教員評価によって管理職や教育委員会への「忠誠心」で測定されます。その評価によって「値札」（給料）がついていきます。

先生にとって最も大事な子ども、授業や生活指導の実践は二の次三の次になっていきます。

先生同士が信頼し合って、互いに力を合わせつくりあげていくのが教育であり学校です。その学校は年々変化して、隣の先生に話しかける余裕もなく、与えられた仕事をそれぞれが黙々とこなしていくことになっています。若い先生は、相談したくてもそんな雰囲気でないことを感じとり声をかけることもできずに孤立していきます。子どもの世界で失われてきた「学び合い育ち合う」ことが先生の世界でも同じように失われつつあるのです。

「いつ辞めようか、考えているの……」

苦労の末にやっと先生になったばかりの新任の先生が「初任研」の休憩時間に同期の人にため息交じりでいうのだそうです。うなずきながら共感する人も少なくないそうです。

彼らをそこまで追い詰めるのは何なのでしょう。

それは、彼らが想い描いていた「子ども像」「学校像」「教師像」「父母像」が現実とあまりにもかけ離れていること、つまり、人間の生き方と結ばれた教育実践ができないこと、ゆえに子どもたちや先生同士での学び合いや育ち合うことが実感できないからだと思います。それでも、彼らは頑張ります。頑張るけれど頑張る自分が認めてもらえない現実に希望を見出せず「いつ辞めようか……」ということになっているのではないでしょうか。

先生を辞めたからといって自分を生かせる仕事が簡単に見つかるほど世間は甘くありません。仕方なく先生をつづける人も少なくないというのが現実のようです。くらしを立てるためだけの仕事になります。もちろんくらしを立てることは大事なことですが、子どもたちに働きかけ、子どもとともに成長していくことを夢みて先生になったはずです。それができないふがいなさに自責の念が生まれ、「いつ辞めようか……」ということになっているのではないでしょうか。

本人はもとより、子どもたちや父母にとってもこんな不幸なことはありません。

さらに、こんな状態では教育がますます貧困になっていきます。そして、それはそのまま、日本社会の貧困につながっていきます。

この二〇数年間に国民の日常生活、教育、福祉、社会保障、人権の水準は一挙に切り下げられました。とりわけ、二一世紀以降の急激な変化は、まさに日本社会の貧困の進行です。

多くの国民は、自らの生存権保障のしくみが大きくこわされた現実のなかでそれに気づきはじめました。よくよく周りを見てみると、とんでもない事態が生まれています。

自分さえよければいいという自己中心主義
楽しければいいという快楽主義
今さえよければいいという刹那主義
強ければいいという権力主義
金さえあればいいという拝金主義
そして、偏見、差別、格差、疎外感等々

大人だけではありません。子どもたちの世界にもこうした傾向は確実に広がっています。

まさに、貧困な日本社会です。絶望的な状況といわざるを得ません。

でも絶望からは何も生み出すことはできません。たとえどんなにひどい暗闇状況からでも「光」をみつけ、それにむかって進んでいかなくては自分を見失い、埋没するだけです。

これではダメだ！と奮起できるのも人間です。一つひとつの物事からその原因を探り、考え、事の経過と善し悪しを判断する人間の能力、すなわち知性を発揮することができるのが人間だからです。

特に先生は、「子どもたちが抱いている未来への夢と希望」に責任を持たなければなりません。そうでなければ本物の仕事をしているとはいえません。

子どもたちの夢と希望に責任を持つとは大げさなという声が聞こえてきそうですが、手の届かないようなことを言っているのではありません。

子どもたちがもつ疑問や課題に一緒にとり組み、一つひとつ解決を積み重ねていくことが、子どもたちに夢や希望を育んでいくことになります。そもそも教育という営みはそういうものだと思います。それができない状態にあれば、本物の教育ではないと思うのです。

子どもの誰もが持つ疑問「勉強は何のためにするのか」を考え、話し合った時、靖子さんが綴りました。

勉強は何のためにするのか

六年　靖子

ほんとうに勉強って何のためにするのか、だれのためにするのか、わたしはわかっていませんでした。

今日、学校でみんなと話し合ったり、先生の話を聞いて（そうだったのか）とはじめて気がつきました。

今まで、（なんでこんなむずかしいことを考えなければならないのか）（なんでこんなめんどくさいことを書いたり、覚えたりせなあかんのか）と思うことが多かった勉強です。でも、一生けん命、考えて算数の問題ができた時は、（ああできた。よかった。）とうれしくなった時もありました。

でも、学校へ行くとみんなできているから（わたし一人だけが喜んでいてバカみたい。）と思えてきて、またすぐ勉強するのがいやになって、やっぱり、勉強はきらいでした。

今日の話で、そういうことを思っていたのは、わたしだけでないことがわかった。ほかのみんなも同じようなことを考えていたのがよくわかった。みんな同じように、いやいや勉強をしていた。でも、おわりの方で、先生が言った。

「勉強は、自分のためにするのだけど、自分のためだけではない。人のため、日本の社会のためにするんだ」

という話と

「勉強は、おもしろいことばかりではない。苦しくてつらいことの方が多い。それはみんなが味わうことで例外はない。でも、それをのりこえる時の喜びは苦しみやつらさの何倍も大きい。特に、仲間といっしょにそれができると、喜びは二倍、三倍になる。」

という話は、しっかり頭に残った。

きょうの授業は、みんなしんけんな顔をしていた。班勉強の教え合いも、いつもとちがう感じでできた。

わたしはこれからも勉強がいやになった時、今日の話を思い出そうと、思います。

勉強することは、つらくて苦しい時もあるけど仲間と助け合いながら一緒に「かしこく」なっていく喜びを体験できたら子どもたちの夢と希望はふくらんでいきます。こんなことの積み重ねができるのが学校です。それをつくり出していくのが先生の役割ではないでしょうか。子どもたちの夢と希望は、こんなことからふくらんでいくのだと思います。

親子の人間的な結びつきを素直に綴ってくれた一年生のマキさんとけいこさんの日記です。

なみだがでてきました　　　　　一年　マキ

きょうは　おかあさんは、あさはやくからしごとにいく日です。だから、わたしも　はやく　おきて　あさごはんやら　かたづけを　てつだいました。おかあさんとおとうさん

は、
「いってきます」
といって　いってしまいました。
わたしは　すこし　さみしくて　なみだがでてきました。がまんして　がっこうへいくようにしました。
おかあさんも　まい日　なみだをだしているのかな。だから　なかんとこと　おもいます。

はやく　よくなって　　一年　けいこ

おかあさんが　びょうきで　ねています。ねつがでて、おなかがいたいんです。みずまくらをしました。ふとんをかけました。そして、くだものをはこびました。おかあさんは、

「ありがとう。もう、だいじょうぶ」

といいました。

けれど、ずっとねていました。おかあさんのびょうき、とんでけー。おかあさんはやくよくなってね。


こんな親子の人間的な結びつきは日頃からの親子のかかわり方にあるのはもちろんです

が、その「みなもと」は「想像力」の働きにあります。この想像力が働いてこそ子どもたちは夢と希望がもてるし、ふくらみもするのです。

先生と子どもの関係も同じです。土日をはさんで四日間出張したとき学級の子どもたちが綴った日記です。

気をつけて行ってらっしゃあい　　　五年　一雄

とうとう、先生、高知へ行っちまった……。
さびしい。「さるっ子」（一枚文集の名前）も出ない。
さる軍団の教室が、くもってきた。
ぼくらは、るす番。
先生の顔みられない、しーんと静まりかえった五の四。
でも、ぼくらは、しっかりるす番をする。
先生としばらくの間あえないけれどがんばらなくっちゃ。
静まりかえっている五の四を、みんなでもりあげよう。
先生がいなくてもしっかりしよう。

四日間、はようすすめ！　　　　五年　哲雄
先生、出張行かんとき、いかんといて。
さびしい。
先生いんとまっくら。
はよう明るうして
四日間も先生の顔、見られへん。
この四日間、はようすすめ！
先生、汽車のなかでカンパイしたか？（誕生日のカンパイ）
ぼくらしたで。
正君、一太君、伸行君もう一度、おめでとう。
これからもがんばろうネ。

ゆめみた！ゆめみた！　　　　五年　成美
ゆめみた！ゆめみた！
先生が、出張から帰ってきたゆめ。ほんのちょっぴりの時間やったけど……。
ゆめでも先生に会えたことものすごくうれしい。
早く、先生が帰ってきたらいいのにな！

早く、先生に会いたい。会いたい。

先のマキさんとけいこさんの日記からもわかるように、人間は愛されることによって愛することをしっていきます。先生と子ども、子ども同士も同じです。それを子どもたちの作品が教えてくれています。夢は夢でも剛君が見た夢と成美さんの見た夢は大違いです。どの作品も想像力が豊かに育っていく過程がみてとれます。この想像力が働く世界のなかでこそ子どもたちは将来の夢と希望を描いていけるのです。

私の言う「子どもたちが抱いている未来への夢と希望に責任を持つ」とは、こういう営みを意味します。

人を愛せない人間は、自分を愛することなどできません。自分を愛せない人間は、限りなく破滅に向かうしかありません。

でも残念ながら、現在はその愛が充分に育っていません。その愛が育たないが故に社会に必要な正義も、節度ある自由も、まるでタガがはずれたように、一挙にマイナスの方向に突き進んでいるように思えます。

人間は、異常な状態に長くおかれたり、たびたびそれを経験したりしているうちに「違和感」がなくなり、それを「通常」「当たり前」のこととして受け入れてしまうようです。言い換えれば、人間は感性、感覚的能力の変化に鈍感だということです。自分の感性が変わったことに気づかず流されていきます。感覚がマヒしていくといってもいいと思います。「慣れる」ことは時には大事なことですが、ここでいう「感覚のマヒ」もある意味「慣れる」ことです。この「慣れ」は怖い……。

「周りのみんなと一緒」という「安心」を選択し、流されているうちに感覚がマヒし、気がつけば先生としての「良心」が失われていることになっているかもしれません。

これを食い止めるのは、確かなものの見方・考え方、すなわち思想です。この思想に支えられた「慣れ」は、感性の変化にも敏感に反応し、ブレーキをかけ回復の「指令」を出します。

二〇年、三〇年と長い期間、管理社会、管理教育というシステムのなかに縛りつけられ、「慣れ」させられている自分、同化してしまっている自分といった方が正確かもしれません。その自分を見つめ直し、思想の助けを得ながらその縛りから抜け出さなければなりません。人間としての思いを覚醒させなければなりません。

この基本的な課題に立ち向かうためには管理社会、管理教育の根源を知ることが必要です。そもそも現在の異常をつくり出してきた大本《おおもと》がなんであり、どこに向かって進もうとしているのかを知ることです。

私たちが主張する教育実践を現在の困難な状況のなかで、主張に値するのかどうかを検証していくためにもそれらを明らかにしたいと思います。

本書を通じて、みなさんと一緒にこの難問にチャレンジしていきます。

一　子どもたちの未来を奪う「道徳の教科化」

道徳の教科化は、「子どもたちに夢と希望を」どころではなく子どもたちの未来を奪っていく「仕掛け」です

道徳の教科化は学校教育の問題としてだけなく、日本の民主主義、立憲主義の秩序を取りもどす運動と結びついて批判をあびることになっています

一　子どもたちの未来を奪う「道徳の教科化」

今、教育がおかれている状態を最も象徴的にあらわしているのが「道徳の教科化」です。道徳の時間が新設されたのは今から五〇数年前の一九六一年施行の学習指導要領です。同時にこの学習指導要領は、はじめて公立学校に対して強制力があるとしました。

この五〇数年間という長い年月、学習指導要領が改訂される度に「道徳教育の強化を図る」ことが繰り返されてきました。改訂で教科の廃止や新設、あるいは教科内容の改変はありますが、「強化」「強化」と強化を繰り返してきたのは道徳だけです。かけ声だけではすすまない「強化」に、二〇〇二年度改訂の学習指導要領は、「道徳」の冒頭部分を「総則」に「格上げ」し、教育課程編成における「道徳」の比重を高め、すべての教科指導にかかわるものとして道徳を押しつけました。副読本をつくり、配布したのもこの時です。

「強化」を繰り返す理由は、「いじめ」問題や暴力事件、殺傷事件等々の原因は教育における「人格形成のあり方」にあるから「心の教育」と「規範をつくる」ため、と主張は一貫しています。

それらの本当の原因は為政者の貧困な教育政策にあるのですが、それを認めるわけにはいきません。子どもたちの否定的事象を逆手にとって、規範意識を強調し「心の統制」「人格統制」

を謀ろうとする企てです。あとで詳しく述べますが、これは新自由主義の「教科書」にあることで、いわゆる「火事場泥棒的政策」なのです。

しかし、ねらい通りにはことは運びません。当然です。

現場の先生たちは「道徳の強化」どころでおさまるような状況でないことはわかっています。道徳の時間を活用しながら生活綴方をはじめ、生活現実を教材にした授業をすすめ、困難な事態の解決を図ってきました。今もそれはつづいています。そういう先生たちのとり組みがあるからこそ、子どもたちも何とか踏ん張って、学ぶ意欲を失わず学校にやってきているのです。「道徳の強化」が「問題」解決のために果たした役割などほとんど何もないといっても決して過言ではありません。むしろ、徳目道徳の押しつけは、管理教育のための手段としてつかわれ、子どもたちの自由奔放な夢と希望を抑え込んでいきました。子どもたちのストレスは高まり、否定的事象をくり返すことになります。それをまた理由にして、懲りない教育政策担当者は、とうとう道徳を教科として実施することをきめたのです。（二〇一五年三月　学習指導要領一部改正）

なぜそこまでして、道徳を重視するのか、何のために「心の統制」「人格統制」が必要なのか、先生たちを含め多くの人が理解できないし、疑問に思っていると思います。

少なくとも子どもにとって必要なものでないことははっきりしています。いや、本物の教育は「心の統制」「人格統制」などという道徳は排除します。では、誰にとって道徳が必要なのでしょう。

日本における新自由主義改革は、「教育改革」のみならず日本の社会構造を大きく改変しました。この社会構造の改変は、日本の民主主義社会の解体でもありました。その解体がすすむなかで、就職氷河期、フリーター、非正規雇用、引きこもり、ワーキングプア、ホームレス、孤独死、貧困ビジネス、自殺者増大、派遣労働、貧困と格差拡大等々の事態が起こります。年々、ますますその深刻さは深まるばかりです。

「景気は上向き傾向」「賃金は上がっている」「成果は近いうちに国民全体に広くいきわたる」などと根拠のない言説や地方創生、女性活躍、一億総活躍社会等々の言葉が毎日、報道されます。わけても日本の公共放送が政権与党の広告塔として異常な報道を繰り返します。「アベチャンネルだ」と揶揄《やゆ》されるほどです。国民を見下し、馬鹿にしている、と感じているのは私一人だけでしょうか。

政策の誤り、不都合を隠蔽し、うわべを飾るために、誇大な宣伝を繰り広げつづけるしかないのだ、と思います。

隠蔽されていることはいつか必ず明らかになります。それまでに、国家権力に忠誠を誓い、従順に従う「国民づくり」をすすめなければ政権は危うくなります。そのために必要なのが「心の統制」「人格統制」です。為政者にとってこそそのための「道徳」が必要なのです。

このことは、「安保法制」をめぐって、より明確な「姿」としてあらわれました。安保法制は強行採決されました。しかし、「戦争はさせない」「憲法守れ」の運動は燎原の火のごとく広がり今も全国各地で展開されています。これは、主権者意識の高まりです。国家による思想統制反対への意思表示であり、安倍政権の道徳教科化への対抗を意味します。

雑誌『すばる』（集英社　二〇一五年一〇月号）には、「国民のための新しい道徳教科書」として緊急特集が組まれました。内容は多岐にわたりますがその中の一部です。

「道徳というのは中国から来た思想です。でも私は、道徳とは時の為政者のいちばん偉い人が自分に都合のいいようにつくったもの、と考えています。だから時代によって変わるんです。かつては天皇陛下の写真の載った新聞など粗末にしたら、大変なことになりました。だけど戦争が終わったら「天チャン」なんて言い出す人も出てくる。いまは総理大臣が、こうしろああしろといって「道徳」をつくっているような気がする。それでいちばんハラハラして案じていらっしゃるのは、天皇陛下じゃないかしら。

本来、道徳は人を幸せにするためのもの。自分が犠牲になっても人を幸せにする、仏教で言えば忘己利他ですね。自分が幸せになるのは私たちの個人の権利です。人権です。けれども、自分の幸せだけじゃなく、ほかの人の幸せのために努力する……これがいちばんいい道徳じゃないかしら。でも、それが昔のように、「お国のため」「天皇のために」すべてを捨てて……となると、それは困る。」第一課「むかしの道徳、いまの道徳」（瀬戸内寂聴　作家）

いま国は、「道徳教育で愛国心を養おう」と言っているけれども、上っ面だけの掛け声ではなく、真からやろうよと言いたい。道徳心は、相手の気持ちを思いやることから生まれる。スポーツの試合でも、相手を叩きのめしても最後はお互いを称え合い、感謝するでしょう。君がいるから僕がいる……。そうやって相手を思いやるということが、道徳心の何よりの基本だよね。

政治家が沖縄のことを本当に思いやっているのならば、交代で基地の横に住んでみればいい。実際、沖縄の人たちがどれだけ不便しているのか、どれだけ恐怖を味わっているのか、わかるでしょう？そんなことすらまったくしてこなかった人たちに「愛国心」を押しつけられても、反発しか生まれないよね。逆に、政治家が国民を本当に大事にしていると感じられれば、彼らのいう「愛国心」にも私たちは納得できるはず。第六課「本当の強さってなんだろう？」高田延彦　元プロレスラー・現在タレント）

ＳＥＡＬＤｓのメンバーに聞いてきた。「活動のきっかけは？」。すると、ほとんど全員が挙げるのが「３・11」である。

例えば、中心メンバーの奥田愛基氏が３・11を迎えたのは高校の卒業式の日。津波が東北の町を飲み込み、最悪レベルの原発事故が発生した東日本大震災。しかし、テレビの中の政治家が繰り返したのは「ただちに健康に影響はありません」という言葉だった。「政治家が『大丈夫』とか言う後ろで原発が爆発してて、『政治家に任せるだけだとこの先、生きていけないな』って思いました」

また、高校二年生の女の子は小学六年生の時に東日本大震災を経験し、「日本ってもしかして、なにが正しくてなにが間違ってるかって、無関心でいたら気づかないのかな」と思ったという。

このように、行動する若者たちは小中高という多感な時期に3・11を経験し、政治やメディア、或いは大人というものに強烈な不信感をもっている。ある意味、「言うことを聞いたら大変なことになる」ということを、物心つくかつかないかの頃に刷り込まれているのである。

その上、生まれ育った時代はずっと右肩下がり。「失われた一〇年」が「二〇年」となり、大学生になればなったで二人に一人が「学生を食い物にする貧困ビジネス」との悪名高い奨学金を数百万円背負わされ、ブラックバイトを掛け持ちしながら生活苦に喘いでいる。なんとか大学を卒業しても、就職難の中、正社員になるのは至難の業だ。低賃金で不安定な職にしかつけず、やむ得ず月に数万円の奨学金の返済を滞納してしまうと、政府の有識者会議では「奨学金滞納者に防衛省でインターンをさせたらどうか」なんて話になっている。これってアメリカの経済的徴兵制と同じじゃないの？　そう思っていた矢先に出てきたの

が安保関連法案だ。（中略）

格差・貧困も原発も戦争法案も、「人の命を軽んじる」という部分で繋がっている。

ということで、若者たちよ。とにかく権力や金を持っている「偉い人」や「立派な大人」の言うことを聞くとロクなことにならないので気をつけてほしい。そうして今、既に多くの若者たちは立ち上がり、行動を起こしている。

「代案がないのに文句言うな」とか「貧乏や非正規は自己責任」とか言われるかもしれないが、それらの言葉は翻訳すると「うるさいから黙ってろ」ということだ。

この国では、「沈黙」は自動的に「容認」「賛成」の方にカウントされてしまう。だからこそ、黙らないことが、私たちが最低限果たす責任だと思うのだ。第七課「言うこと聞くよな奴らじゃないぞ！」から「言うこと聞かせる番だ俺たちが！」へ（雨宮処凜　作家）

さらに、『新しい道徳』（北野　武著　幻冬舎　二〇一五年九月刊）では、「二〇一八年　道徳を教科化？だけど、その前に……」として、「新しい道徳」論を展開しています。鋭く核心を突く道徳批判です。

ものすごく単純な話で、子どもに友だちと仲良くしましょうっていうなら、国と国だって仲良くしなくてはいけない。子どもに「いじめはいけない」と教育するなら、国だってよその国をいじめてはいけない。武器を持って喧嘩するなんて、もってのほかだ。

なのに、現実の世の中はそうなっていない。

「隣の席のヤツがナイフを持ってるので、僕も自分の身を守るために学校にナイフを持ってきていいですか」って生徒が質問したとして、「それは仕方ないですね」とこたえる教師はいるだろうか。いるわけがない。

だとしたら、隣の国が軍備拡張したからって、我が国も軍備を増強しようっていう政策は、道徳的に正しくないということになる。いかなる理由があっても喧嘩をしてはいけないと子どもに教えるなら、いかなる理由があろうと戦争は許されないってことになる。

それがフラクタルってもんだろう。

ところが、大人たちはどういうわけか、そっちの話には目をつぶる。

子どもの道徳と、国家の道徳は別物なのだそうだ。戦争は必要悪だとか、自衛のためには戦争をも辞さぬ覚悟が必要だなんていったりもする。（中略）

戦争は必要悪だと考える大人が、子どもに喧嘩をするなと教えるのは、筋が通っていない。道徳はフラクタルなんだから。それは泥棒の親が自分の子どもに、「子どもは泥棒をしちゃいけない」と教えるのと同じことだ。

道徳を云々するなら、まずは自分が道徳を守らなくてはいけない。

それができないなら、道徳を語ってはいけないのだ。

道徳教育を徹底しないと、子どもがおかしくなってしまうなんていうのは、年寄りの錯覚でしかない。

錯覚でしかないのだけど、彼らはそれを「いいこと」だと思い込んでいる。

だから、それを子どもに教え込もうとする。

いいことをすると気持ちいいから。

そんな年寄りの戯言に耳を貸す必要はない。

古くさい道徳を子どもに押しつけたって、世の中はよくなんかならない。そんなことより、自分の頭で考え、自分の心で判断できる子どもを育てる方が大切だろう。

そのためには、まず大人が自分の頭で考えることだ。

道徳を他人まかせにしちゃいけない。


もはや道徳の教科化は学校教育の問題としてだけなく、日本の民主主義、立憲主義の秩序を取りもどす運動と結びついて批判をあびることになっているのです。六〇年近い現場の先生たちのとり組みにとって何と力強いことでしょうか。

道徳の教科化は、「子どもたちに夢と希望を」どころではありません。子どもたちの未来を奪っていく「仕掛け」であることを肝に銘じなければなりません。

こうした内容と状況を多くの人に知らせながら、現場での工夫ある「抵抗」「闘い」をつづけることが子どもたちを守っていくことになります。

二　子どもたちを守ることは、日本の社会をつくること

子どものなかに情勢をみることを忘れない先生は
子どもを守るためにあらゆる方策を立て
工夫しながら誠実に日常の実践を展開します
日本の将来をつくっていくのは子どもたちだと心底から考え
ているからです

二　子どもたちを守ることは、日本の社会をつくること

学力不振、いじめ、校内暴力、対教師暴力、不登校・登校拒否、学級崩壊、自殺、殺人等々、教育現場に異常事態が生じ、先生たちはそれらの対応に迫られています。教育現場は激しく揺れ動いています。

大事なことは、こうした事態がどうして起こるのか、その原因を追及し、子どもたちの内面の変化をとらえることです。それを怠っての教育実践ほどむなしいものはありません。なぜならば、否定的事象をただ力で抑え込むだけの教育実践になってしまうからです。それでは先生としての専門性は失われていくばかりです。やりがいも生きがいも失われていきます。

私たちは、「子どものなかに情勢をみる」ことの大切さを身につけてきました。子どもたちの日常の姿に日本社会の情勢、社会のありようが見事にあらわれるからです。先生はその情勢に敏感でなければならないと思います。

いじめや暴力で人を殺《あや》めたり傷つけたりするために生まれてきた子どもは一人もいません。不登校・登校拒否も同じです。

そうなる原因があっての結果・事象なのです。原因を追い求めながら、被害が子どもたちに

及ばないように、子どもたちの側に立ちきって、子どもたちを守り育てていくのが本物の教育実践です。

そうした考えで、私は、教育現場が激しく変化していく一九八〇年代から「教育改革」に関わる「答申」や「提言」の動向を記録してきました。なかでも「財界の二一世紀戦略」に注目していました。その「戦略」によって文部省（現文科省）の「歴史的な転向」とさえいわれるような「教育改革」がすすめられたからです。「戦略」の中心は新自由主義を基軸にした国家と資本の国家改革・再編成を企図することにありました。それを拙著『子どもの人権と教育のゆくえ』（二〇〇一年　たかの書房刊　）に著しています。もちろんそこにはこの「教育改革」に対抗する教育実践も提起しました。

この本の中で、一九九〇年代の初めからほぼ一〇年間に出された「教育改革」にかかわる中央教育審議会（中教審）や教育課程審議会（教科審）からの「答申」と財界・大企業からの「提言」を取りあげ、そこからみえてくるものを次のようにまとめています。

これ以後（答申や提言をうけての）の動きについては、首相（小渕恵三）の私的諮問機関として設置された「教育国民会議」で次々に推進具体案が提案されていくことになります。その内容は、前記の「提言」や「答申」の枠からでるものではありません。忠実に具体化していく内容になっています。教育改革国民会議の役割が自ずと見えてきます。

こうした流れをみれば、今回の「教育改革」が、改革を一番望んでいる子どもや父母、教師の願い・要求から発想されていないことがよくわかります。バブル崩壊後(一九九一年から)の財界からの提言に追随し、多国籍企業本位の資本主義国家への改革・改造が強行されるなかでの「教育改革」なのです。それは、橋本内閣時の行・財政等六大改革(行政、財政構造、社会保障、金融システム、教育)の一環として進められてきました。

これまで文部省は、建て前にすぎないとはしても、憲法・教育基本法の基本原理である「教育の機会均等」原則と単線型学校体系(六・三・三・四制)の枠を守り、その枠を越える「改革」には抵抗してきたといわれていますが、今回は違います。文部省の「歴史的な転向」とさえいわれるような「教育改革」なのです。何故こういうことになったのか、その背景をとらえておく必要があります。

結論を先にいえば、「財界の二一世紀戦略」にあります。そして、その「戦略」の中心が、「新自由主義」を基軸にした国家と資本の国家改革・再編成を企図することにあるのです。

その新自由主義とは何か。今回の「教育改革」の「ねらい」を理解するためには、知っておく必要があります。私自身、それを調べ、考えていくなかで、今回の「教育改革」がいかに反動的なものであるのかがよく分かったし、「改悪」にどう対処していけばいいのかを探る手だてが考えられる、と思ったからです。

新自由主義と「教育改革」

今から二〇数年前、第一次石油ショック（一九七三年）をきっかけとして、不況とインフレの同時進行が先進資本主義国を襲い、失業の増大とインフレの加速というこれまで経験のない事態が発生しました。この原因の解明と「処方箋」を描くことが経済学に求められます。ここに台頭してきたのが新自由主義です。新自由主義の思想的基盤は、市場原理＝競争原理を何よりも大切にし、過剰な政府の市場介入に反対するというものです。さらに、戦後、民主的な運動のなかで獲得されてきた国民の諸権利を抑圧していくという反動的な性格をもつ思想です。

「新」と名づけられていますから「旧」があるはずです。調べてみると、「旧」の自由主義は、打倒する対象が絶対王政であったり、旧重商主義体制にありました。旧自由主義の下での市場原理は労働者の権利保障、福祉制度の向上等、近代民主主義の担い手的性格をもっていたともいわれています。これに比べ、「新」自由主義の打倒対象は、戦後の福祉国家におかれています。同じ「自由」でもその中身は全く違うものなのです。圧倒的多数の国民が「不自由」になる政策が、新自由主義ということになります。

例えば、一九九七年四月の消費税率の五％への引き上げや医療、年金制度の改悪による九兆円といわれる新たな国民負担増などは、その新自由主義に基づく政策によるものです。新自由主義は、企業の売り上げにかかる累進課税（直接税）の割合を下げ、消費税など間接税の割合を上げる政策の採用を迫ります。また、医療や福祉は「不効率部門」として縮小・切り捨てを迫り、その政策を推進します。

福祉に関わる政策の見直しは、八〇年代は主に、国家財政の危機が理由でしたが、九〇年代になるとそれに加えて、多国籍企業相互の競争力維持が理由になります。そのことは、次の「橋本行革の基本方向について」にはっきりとよみとることができます。

「大競争時代において直接競争にさらされるのは企業であるが、その意味で企業のコストを構成する公的負担についても見直さなければならない。税負担はもとより、社会保障関係の企業負担分については、特に国際比較の観点からあり方を再点検し、わが国企業のコスト競争力の維持に努めなければならない」

この「基本方向」の下に、日本は「改革」が進み、高度経済成長期に整った安定雇用、労働者の権利の高まり、失業・医療・年金保険など社会保障の諸制度とともに、労働組合が企業や政府に対して持つ力を、「競争にさらされる企業」保護＝企業の高利潤維持のためにコントロールされることになり、前述のような施策が実行されていくことになるのです。

金融機関に公的資金を湯水のごとく提供したのもこの基本方向に沿った一環です。

企業の高利潤を圧迫する「社会保障制度」や労働組合の賃金交渉力は弱体化していく

ことになります。

要するに、企業が投資しようとする環境づくりを第一義に考えられた論理ですから企業にとって都合のよい、税制をはじめとする社会保障制度など諸政策転換（国民にとっては大改悪）になっていきます。

労働組合（連合）は、この論理に押し切られ、今日では「実質賃金より雇用の確保」というスローガンを打ち出すことになっています。新自由主義の論理通りに、ことが進められているのです。

もう一方で、企業・財界は、政府による規制の撤廃を求めます。最もわかりやすいのは、公共部門への競争原理の導入による経済効率の上昇を求めたことです。つまり、国鉄はＪＲに、専売公社はＪＴに、電電公社はＮＴＴとなり、それまで公共部門の仕事とされてきたものが民間企業になり、市場の競争原理に委《ゆだ》ねられ、大企業に参入の門戸を開きました。

その結果、今どうなっているかは周知のことですが、情報・通信の分野ではサービスが飛躍的に向上したといわれる一方で、ＪＲでの安全保障の低下や赤字路線の切り捨て、運賃値上げなど国民へのサービス低下や負担増があり矛盾が露呈しています。

国民全体の利益につながるものから一部のものだけしか利益が得られない状況が至るところで現出してくることになっています。しかし、政府はサービス向上の面だけを主張し、市場には介入しない「小さな政府」をめざすといいます。「小さな政府」といえば、字面《じづら》からみて中央省庁統廃合による省庁再編が「小さな政府」と理解されているようですが、今の政府がめざすことはそんなことにあるのではありません。「市場に介入する」政府を「大きな政府」といっているのです。国民共通の利益につながる公的な事業、福祉や教育を市場に開放し、それに「介入しない」政府を「小さな政府」といっているのです。これも新自由主義が求めていることです。当然、国民へのさまざまな公的サービスは低下していくことになります。

文部省の「歴史的な転向」とさえいわれるような「教育改革」は、これまで述べてきた新自由主義を基軸とした、国家構造改革政策の一環として強行されてきたのです。それは、すでに八〇年代、自治体行政改革や労働行政改革とともに臨時教育審議会(臨教審)に始まっていました。無論、その一〇数年前から着々と準備が進められてきたことはいうまでもありません。そして、九〇年代にはいると、財政構造改革法、地方分権推進法、橋本内閣時の六大改革に集約されていきました。

新自由主義が基軸になっていることから、財界が医療や福祉と同じように「不効率部門」として並べている教育の分野でも国の財政的責任範囲を縮小して地方自治体や民間企業、さらには個人にその責任を転嫁することで財政支出の削減を謀ろうとしていることが今回の「教育改革」の根底にあることを銘記しておく必要があります。

一五年以上も前に、このように著しているのですが、私は予言のつもりで言っていたのでは決してありません。今みんなの力を結集して教育を守らなければ大変なことになる、と訴えていたのです。残念ながらその訴えは、憤怒の抵抗・反対運動に結びつかず事態は為政者の計画通りに、しかも急速に進んでいくことになりました。

これを今、再び読むと、日本の社会と教育の構造が急激に変化し、不気味なほどほとんど正確な「予言」になっていることに我ながら驚きます。

なかでも、日経連が一九九五年に出した提言「雇用構造三つの類型化」に触れていましたが、まさか現実のものになるとは誰も思っていなかったかもしれません。

提言は「日本の企業が国際巨大資本に負けないためには、日本の労働者の『高賃金』体系〈終身雇用と年功序列〉をどうこわしていくか最大の課題・死活的な課題」として、雇用構造を三つに類型化しました。

1　長期蓄積能力活用型＝スペシャリスト（特別な専門職）、これまで通り終身雇用

2　高度専門能力活用型＝高度な能力を持つ専門職であっても「製品開発」など一つのミッションが終われば雇用解約ができる契約社員。

3　雇用柔軟型＝一般雇用、柔軟とは、いつでも解雇できる雇用制度

二〇年前に示されたこの「雇用構造」は、いまや、日本の労働形態そのものとなりました。正規社員は減り、管理部門のスペシャリストをはじめとする限られた人だけです。労働者の多く

が派遣労働やパート・アルバイトなど非正規社員で不安定な雇用となっています。

同じ時期に経済同友会の桜井会長（当時）は、私立大学協会の学生課長の集会で、大学構想の提起として「一握りの参謀と若干のスペシャリスト、あとはロボットと末端労働者でいい。あなた方の大学で『参謀』を育てることなど考えるべきでない。せいぜい『若干のスペシャリスト』の一部を育てることでいい」と話したと伝えられていました。これも二〇年を経た今、大学卒業生の就職困難な状況と重ね合わせれば、誰が、日本の教育を引っかき回しているのかよくわかる事実です。

まだあります。安保法制が強行採決で可決されました。最も喜んでいるのは大企業・財界なのです。なぜならば、大企業・財界にとりそれは長年の「宿願」でした。

一九八〇年代から大企業・財界が日本の政治に求めてきた象徴的な「言葉」があります。それは、「ＩＪＰＣの悪夢をくり返すな」です。Ｉは「イラン」Ｊは「ジャパン」Ｐは「プラント」Ｃは「カンパニー」です。

一九七〇年代、三井物産と東レ等の企業がイランで石油化学プラントの合弁事業を展開していました。後半、八割方出来上がった時に、「イラン革命」（指導者ホメイニー）が起こります。危機が迫りますが、ホメイニーと話し合いが成立し、この時は事業は継続されました。ところが、プラントがほぼ完成した時、今度はイラン・イラク戦争が起こり、プラントが空爆され、すべてを失うことになりました。何兆円かの投資が水の泡になったのです。

第二次産業は、安い人件費を求めて発展途上国に移していた頃のことです。発展途上国であるが故に政治的に不安定な状態の国が多かったのです。それが、イラン・イラク戦争としてあらわれたのです。その時、経済同友会の牛尾二郎は「アメリカは、カウントリーリスク（政治的不安定からくる危機）をカバーするために常に外国へ軍隊を派遣している。日本にはそれがない。アメリカが羨《うらや》ましい。企業の後ろには常に空母ありの状態が日本にはない。」と言っていたのです。

「企業のリスクを国民の税金と血で守らせる」ことを「宿願」としていたのです。

安保法制によって、日本は、アメリカと同じように日常的戦争国家になる可能性がいよいよ現実味をおびてきました。

中国や北朝鮮の「脅威」を強調し、「国際情勢の変化はもはや一国で日本の国を守ることはできない」「安保法制による抑止力の向上で、国民の安全・安心、財産を守ることができる」などと言いますが、国民の圧倒的多数は「ピン」とこない、納得していません。

安保法制定以前、尖閣諸島をめぐって中国の「領海侵犯」があれだけにぎやかに報道されていましたが、今はありません。どうなっているのか？　さっぱりわかりません。

今は、南沙諸島での中国の海洋開発がとりあげられアメリカの「航行の自由作戦」が報道され、危機を伝えます。そんなことはあり得ませんが、アメリカと中国が交戦状態になれば自衛隊の出動を髣髴《ほうふつ》させる報道です。

仮に、尖閣諸島が中国に占拠された場合、果たして日本の国の「存立が脅かされ、国民の生命、自由および幸福権追求の権利が根底から覆される明白な危険がある」と言えるのでしょうか。「要件」を満たしているとして、自衛権の発動となるのでしょうか。やっぱりわかりません。

日常生活・生活感覚からあまりにもかけ離れた論理だからです。

「安保法制による抑止力の向上で、『大企業・財界』の安全・安心、財産を守ることができるようになった」と正直に言えば、「そういうことか」と即《そく》国民は理解するに違いありません。同時に「憤怒」は頂点に達するでしょう。「大企業・財界のリスクをどうして国民の税金と血で守らねばならないのか」と。

どうやら戦中の軍部に代わって大企業・財界が日本の国を引っ張り廻しているようです。ならば、なお、国民を侮辱しつづける日本の政治だといえます。

決して根拠のないことを言っているのではありません。裏づける事実がいくつでもあるのです。財界からの提言と現状を重ねれば明々白々です。

日本経済団体連合会(日本経団連)は二〇〇七年に「希望の国、日本」を発表しています。

その中に「国際テロなど新たな脅威に対して国際社会が団結してとり組む必要が高まっている。国民の安心・安全を確保するために必要な安全保障政策を再定義し、その展開を図っていくことが求められている」として、憲法第九条二項を改正して「国益の確保や国際平和の安定のために集団自衛権を行使できることを明らかにする」として、それを求めています。

経済同友会も二〇一三年に『実行可能な』安全保障の再構築」と題する提言を発表しています。

提言には「戦後六〇年余を経て、日本は各国との相互依存関係を世界中に拡大し、その人材や資本、資産、権益もあらゆる地域に広がっている。いわば、日本の国益は、日本固有の領土・領海と国民の安全のみではなく、地域、世界の安定と分かちがたく結びついているのであり、この流れはグローバル化の中で、一層進展していくことだろう」とし、「日本経済の基盤として安全保障を考える企業経営者の立場」から「ライフラインとしてのシーレーンの安全確保」や「海外における自国民保護体制の強化」「集団的自衛権行使に関わる解釈の変更」などを求めているのです。

国会での安倍首相の答弁や記者会見での言葉と財界からの提言とが重なっていることがよくわかります。今回の安保法制の真の目的はここにあることは明白です。

安倍首相は「国民の命と平和な暮らしを守り抜くための法案」であると繰り返し発言し、あたかも国民一人ひとりの命と暮らしを守るための立法であるかのように説明しますが、安倍政権が自衛隊の海外任務の拡大でねらっているのは、軍事力を後ろ盾とした大企業・財界の利益擁護と追求であり、グローバル市場で日本の企業が自由に生産・営業活動ができる環境を守ろうとしていることです。大企業・財界にとっては四〇数年来の「宿願」がかなえられることになったのです。

企業が儲けて利益を上げなければ国民生活は豊かにならないのでは？と反論する人がいるかもしれません。確かにそうした側面を否定しませんが、現実はどうなっているかです。大企業は空前といわれる利益を上げていますが、その利益は内部留保されています。国民に正当配分されていません。なぜか？　新自由主義改革の下で大企業が「大儲け」できる構造がつくられてきたからです。その新自由主義については、あとでもう一度詳しく考えていくことにします。

こうした流れのなかで為政者にとって必要な「教育改革」がすすめられてきたのです。その中で、つくり出されてきたのが、学力不振、いじめ、校内暴力、対教師暴力、不登校・登校拒否、学級崩壊、自殺、殺人等々なのです。これらの事象が自然に発生するはずがありません。原因があっての結果です。

子どものなかに情勢をみることを忘れない先生は、子どもを守るためにあらゆる方策を立て、工夫しながら誠実に日常の実践を展開します。日本の将来をつくっていくのは子どもたちだと心底から考えているからです。

三　教え子を再び戦場に送るな、青年よ再び銃を取るな

「スコップ」が「銃」に替わる可能性が現実味をおびてきています
「教え子を再び戦場に送るな、青年よ再び銃を取るな」
私たちはいま、再びこれを胸に日常の教育活動をすすめなければ
なりません
社会の動き全般に目が向けられる先生の知性が求められています

三　教え子を再び戦場に送るな、青年よ再び銃を取るな

安保法制によって、日本は、アメリカと同じように日常的戦争国家になる可能性がいよいよ現実味をおびてきた、と書きました。そうなると、自衛隊海外任務のリスクは増幅します。

自衛隊員募集で、必要な隊員数を確保するために全国各地で物議を醸すような出来事が起こっていることはご存じの通りです。

自衛隊員志願者がなお減り、ゆきつくところ「徴兵制」が待っているのではないかと多くの人が考えるのは当然です。

国会でもとりあげられました。自民党　森まさこ議員が安倍首相に質問しました。（二〇一五年七月三〇日参議院平和安全法制特別委員会）

「……徴兵制はないことを明確にしていただきたい」

と。安倍首相の答弁です。

「徴兵制は、憲法一八条が禁止する『意に反する苦役』に該当する。明らかな憲法違反で、たとえ首相や政権が代わっても徴兵制の導入はあり得ない」

「明らかに憲法違反」の憲法解釈で集団自衛権の行使を容認した安倍政権が「徴兵制は明らか

に憲法違反」だから「あり得ない」といっても説得力はありません。信用できないと思うのは私だけでしょうか。

確かに、すぐにあるいは近い将来、日本に徴兵制を導入することを国民は許すはずもありません。でも、ここにも大きな懸念が生じる事実があるのです。

これも財界からの発言です。二〇一四年五月、文科省「学生への経済的支援のあり方に関する検討会」で、奨学金の「返還困難者対策」が議題となりました。

委員の一人、前原金一（経済同友会専務理事　当時）は、就職できずに奨学金返済を延滞している者について

「現業をもっている警察庁とか、消防庁とか、防衛省などに頼んで、一年とか二年のインターンシップをやってもらえば、就職というのはかなりよくなる。防衛省は、考えてもいいといっている」。

と発言しているのです。

この発言を東京新聞が、「貧困層に『経済的徴兵制』？　奨学金返還に『防衛省で就業体験』（二〇一四年九月三日）と報じました。

私は、「経済的徴兵制」という言葉にはじめて出合いました。調べるうちに、『ルポ　貧困大国アメリカ』（堤未果著　岩波新書　二〇〇八年）にたどり着きました。

「アメリカでは貧困者の若者が大学に進学するため、あるいは医療保険を手に入れるために

やむなく軍に志願するケースが多い。アフガニスタンやイラクで米兵の戦死者が増大して志願兵が減った時には、この傾向はいっそう強まった。このように、貧困層の若者たちが経済的な理由から軍の仕事を選ばざるを得ない状況のことをアメリカでは『経済的徴兵制』と呼ぶ」。

前原金一発言はこのことを当然知った上でのことと思われます。

日本学生支援機構「二〇一二年度学生生活調査」によると、昼間四年制大学に通う学生のうち、奨学金を受けている割合は五二・五％となっています。二〇年前に比べ倍以上にふくらんでいます。今、奨学金を借りると、卒業時に背負う借金は、大学生で平均約三〇〇万円、大学院まで借りると一〇〇〇万円にもなるといいます。

就職できずに借りた奨学金の返済ができない人が年々増えています。そのために、自己破産を申請する人も増えているようですが、自己破産しても消費者金融などの借金は消えても日本学生支援機構から借りた奨学金だけは連帯保証人の親や親戚に請求がいくことになっています。親や親戚に本人が借りた元金と延滞金などの一括変換を求める件数が増え、それをめぐっての訴訟がこの五年間で四〇六四件にもなっているそうです。

さらに、こうした現状を無視して、財務省は大学の学費値上げ方針を打ち出しました。「今後一五年間で、国立大学への国の支出(運営費交付金)を大幅にカットし、残りは、大学が「自己収入」を増やしてまかなう」こと、としているのです。大学は「自己収入」を増やすために授業料の大幅値上げをしなければ大学の運営が成り立たなくなります。政府の試算によれば二〇一六年度から年間約二五〇〇〇円の値上げが今後一五年間必要、としています。現在、国立大学授業料は五三万五八〇〇円ですから、毎年二五〇〇〇円ずつ増え、一五年後には約四〇万円増加の約九三万円になります。大学によってはもっと増えるところもあるようです。

大学生や高校生たちは早くも悲鳴をあげています。

「てか奨学金返せるだけ稼げるような社会じゃないなら、いったん授業料下げてよ。何あげてんの？」

「家族に負担かけないように私立大を受けないで国立大をめざしているのに。値上がりしたら、大学行けなくなる。」

「大学の授業料が九三万円になったらバイトと奨学金だけでは、支払いきれないな。安定している家庭からしか大学に行けないなんて、辛すぎるよ」。（しんぶん赤旗二〇一五年一二月一三日「にちよう特番」より）

大学生が言っているように、今、大学や大学院を卒業しても安定した職業に就ける保証はありません。

総務省「労働力調査」（二〇一五年七月）によると、全労働者の約三七％がパート、アルバイト、派遣社員などの非正規雇用となっています。

さらに、総務省「就業構造基本調査」によれば、正社員になるのが困難ななか、大学を卒業した三〇代から五〇代の三分の一以上が、年収三〇〇万円以下の賃金で働いている実態があります。これが新自由主義の労働政策なのです。

安倍首相は、アベノミクスで雇用が一〇〇万人以上増えたといっていますが、増えたのは非正規雇用（一七八万人）で、正規雇用は逆に五六万人減っているのです。

前出「奨学金の返還困難者対策」では、奨学金返還延滞者の一八％が「無職」であることが明らかにされました。その上で、前原金一はこの無職の若者を一年とか二年の期間限定で自衛隊に入れて就業させ、奨学金を返済させればいい、という提案をしたのです。

安倍首相の答弁の通り、憲法一八条があり「徴兵制」導入は憲法を改悪をしない限りむずかしいでしょう。しかし、アメリカのように「経済的徴兵制」であれば、どうでしょう。

実は、すでに日本にもそれに近い、つまり、経済的な理由によって多くの若者が自衛隊に志願、入隊している実態があるのです。

そのことを『経済的徴兵制』（布施祐仁著　集英社新書　二〇一五年一一月）で、「日本も、アメリカのように『貧しい若者の命を戦争で消耗する国』になってしまうのか。『経済的徴兵制』の足音は、すぐそこまで近づいてきている」ことを明らかにしています。

前述したように財界からの提言を受け、雇用形態の改変を推進してきた安倍政権は労働者派遣法を二〇一五年九月に改正（改悪）しました。その結果、派遣労働者をいっそう増大させ、しかも、生涯派遣で低賃金となる可能性が増えました。「経済的徴兵制」の土壌がより広がったといえます。安倍政権の経済政策が「経済的徴兵制」を視野に入れているとしたら「自信」をもって「たとえ首相や政権が代わっても徴兵制の導入はあり得ない」と言える状況が出来上がりつつある、ということになります。

それにしても、私たちは自衛隊についてあまりにも無知であることを安保法が教えてくれました。マスコミは中国や北朝鮮の「軍事力強化」の映像を流し、その「脅威」を伝えますが、自分の国の「軍事力」（自衛隊）についてはほとんど報道しません。「防衛上の秘密」として、報道することがタブーとなっているのでしょう。

災害時に派遣される自衛隊員が活動する映像はよく流れます。そこで自衛隊員が手にしているのはスコップです。その「スコップ」が「銃」に替わる可能性が現実味をおびてきているのです。

「教え子を再び戦場に送るな、青年よ再び銃を取るな」六五年前（一九五一年）に日教組が採択したスローガンですが、私たちはいま、再びこれを胸に日常の教育活動をすすめなければなりません。そのためにも社会の動き全般に目が向けられる先生の知性が求められています。

参列者
八月九日。

四　「教育改革」の真相

教育体制の改悪

教育内容の改悪

教育は誰のもの

教育は、すべての子どもとすべての父母のものです

先生は、そのすべての子どもとすべての父母に対して責任を負わなければなりません

子どもたちは自分の未来を夢見て、毎日学校にやって来るのです

四　「教育改革」の真相

すすめられてきた「教育改革」は縷々述べてきたように、大企業・財界の「思惑（意図）」が根底にあることを疑う余地はありません。「教育改革」の二〇年をたどればそれはよりはっきりします。

「財界の二一世紀戦略」に基づく「教育改革」は、二つのことをめざしました。

一つは、財界の二一世紀戦略を担う「創造的なエリート」育成。

もう一つは、財政支出削減のための「公教育のスリム化」です。

「創造的なエリート」とは「数％のエリート」育成であり、「公教育のスリム化」とは「公教育の縮小・解体」です。

本来もっている教育の中立性は、こうした極めて政治的な意図で歪められてきました。

それは、教育制度と教育内容の改悪によって教育現場に「襲い」かかりました。

学校教育法（中高一貫校の導入等）の改悪（一九九八年六月）、教員免許法の改悪（同）、「今後の地方教育行政の在り方について」（中教審答申　一九九八年九月、さらに二〇一五年九月）で、これまでの教育体制を改変しました。

教育体制の改悪

その特徴の第一は、憲法・教育基本法の基本原理に関わることです。「教育の機会均等」原則と単線型学校体系（六・三・三・四制）を廃し、「学校体系の複線化」を導入しました。「小中学校の通学区域の弾力化」、習熟度別指導の導入、中高一貫校の導入、小中一貫校の導入、大学への飛び級などによってそれは具体化されました。「小中学校の通学区域の弾力化」によって、「人気《にんき》のない」学校は、少子化による子どもの減少とあいまって統合、あるいは廃校にされていきます。ねらいの一つである「財政支出の削減」をこうした公教育の縮小で図ってきました。これが「公教育のスリム化」です。

第二は、「特色ある学校づくり」と「学校選択の自由」の強調です。これまでの単線型学校教育では、全国どこへ行っても共通の教育内容で基礎・基本が大事にされてきました。しかし、教育課程審議会の答申で教育課程の大綱化・弾力化が強調され、各学校では「特色ある学校づくり」を押しつけられます。学校だけでなく学校を設置する地方自治体にもそれを迫ります。「英語教育」を小学校一年生から導入する「特区」申請などはその典型です。学校や自治体に競争を導入したのです。いわば、学校教育を「商品化」しました。そして、子ども・父母には「学校選択の自由」を宣伝する、こうして市場原理を教育に導入しました。

こうした「教育改革」は当然、教育の目的や教育内容の改変を迫ります。「変化の激しい時代を生きる力」の育成を教育の目的にしました。「生きる力」といわれると「人間らしく生きる力」を誰もがイメージすると思いますがそうではありません。ここでいう「生きる力」とは、財界・大企業にとって都合のいい「生きる力」を意味します。例えば、前述した「雇用構造三つの類型化」に「順応」するために必要な「生きる力」を意味しています。圧倒的多数の国民が劣悪な条件の下でも従順に働く「人づくり」=「生きる力」が教育の目的になったといえます。次項で詳述しますが、教育内容の改悪とも連動しています。

この体制をつくり維持させていくために、「教育委員会の規制や統制の緩和」「学校の自主性・自律性の確保」「校長のリーダーシップの強調」「学校教育の自己評価と学校評議員制度による評価・点検」「民間人の管理職任用」「企業の経営システムの導入」等々がすすみました。これによって、教育行政・学校管理システムの変更が強行され、多くの子どもと親、そして、先生を苦しめることになったのです。教育制度を改悪して、制度そのものに新たな差別と序列を導入したのですから必然的な結果です。

一九九八年八月、当時の文部大臣(小杉 隆)は、「傑出した人を生み出すために、例えば飛び級をやるとか、よくできる子は分けて教えるとか、ゆっくり勉強したい子は丁寧に教えてやることも必要だ。これまではこれを一緒にしてきたが、このあたりで平等を破っていかねばならない。公平・平等原則を破らないと教育改革はできない」

と、就任時のインタビューで自らその特徴を述べています。

子どもも親も先生も誰も望んでいない改変が「教育改革」であることがよくわかります。

教育内容の改悪

「教育改革」は学習指導要領の改訂で具体化されていきます。特徴的なことをあげてみます。

まず、一つ目は、前述したように教育の目的が変わったことです。

改訂学習指導要領（二〇〇二年度実施）は、中教審答申の「生きる力」の育成を教育の目的にしました。教育の目的は、いうまでもなく「人格の完成」にあります。（当時は四七教育基本法下）「人格の完成」をめざさず「生きる力」をつけるということは、不合理や矛盾がいっぱいの日本社会であってもそれを深く追求せずに、それなりに「生きる力」をつける、ということになります。人間らしく生きるための「力」ではなく、「負け組」にはそれを受け入れさせるための「生きる力」ということになります。これが道徳の強化、教科化でねらう「心の統制」「人格統制」とつながっているのです。

また、その「生きる力」の育成を「自ら学び考える力の育成」と「基礎的・基本的な内容の確実な定着」を図るものとしました。これを先の制度改悪と重ね合わせると、「基礎的・基本的な内容」も「自ら学び考える」という子どもの態度や意欲によって定着が図られることになります。基礎・基本という学力形成の課題が、子どもの自助努力、態度形成や親の教育費負担能力など個人的な責任として片づけられていくことになります。つまり、すべて自己責任で片付ける、ということです。

同時に「個性を生かす教育」の名の下に、能力主義に基づいた「エリート教育」がすすみます。すべての子どもにしっかりとした基礎・基本を身につけさせるという教育における機会均等を事実上放棄する、という特徴が内容面での一点目です。

二つ目は、競争がいっそう激しくなったことです。

改訂学習指導要領（二〇〇二年度実施）は、完全週五日制に対応する内容にするために、教育内容の三割削減を強調しました。単純に考えると、義務教育九年間の内容を三割削減すれば、二・七年分の削減ということになります。とすれば、小・中学校で九年間の義務教育を終えて、高校へ進学した時には今の中学校の教育内容を学習するということになるはずです。ところが、改訂された高等学校学習指導要領は改訂前の内容とそんなに大きくは変わりませんでした。三割削減された教育内容はどこで学べばいいのでしょう。それとも学ぶ必要のない内容だったのでしょうか。そんなはずはありません。小学校、中学校の九年間と「塾」で必死になって学び、高校へ進学した子どもの多くが高校教育を受ける上で、ついていけないほどのレベルが高校の教育内容なのですから。

「三割削減」は、教育内容の順次性や系統性を無視し、適当に「間引く」ということでした。つまり、子どもたちには教えることを少なくしたが、学力は今まで通りのレベルを求める、ということになったのです。

子どもたちはいっそう苦しむことになりました。塾での「学力補充」に頼らざるを得ない状況が拡がりました。

そして、ここでも、子どもの自助努力、態度形成や親の教育費負担能力など個人的な責任が強調されるようになりました。能力主義に基づく選別の教育が進み、圧倒的多数の子どもが競争から脱落し希望を失う一方で、ごく少数のエリートが育てられていくことになったのです。

三つ目は、前述したように、国民としてすべての子どもが身につけなければならない基礎・基本（国民的基礎教養）が軽視され、子どもを「ロボット化」する立場が見えてくることです。

教育とは本来、基礎・基本をしっかりと身につけさせ、主権者として育つにふさわしい教育内容と方法で論理的な考え方を身につけ、物事が科学的に判断できる力をつけていく営みです。ところが、改訂学習指導要領（二〇〇二年度実施）では教育内容を要素的・項目的なものへとやせ細らせ、学習における「方法」「操作」「体験」を多くの箇所で強調しました。学習にとって「方法」「操作」「体験」は必要です。しかし、方法や操作・体験は、常に内容と密接にかかわってあります。内容から切り離された「方法」「操作」「体験」とは、「自分の生き方や社会の在り方には深く関わらなくてもいい」「物事を深く考えずに与えられた条件の下、『体験』してきた『方法』で『操作』すればいいのだ」ということになってしまいます。子どもたちをコンピューターのようにとらえる操作主義、機械主義、つまり「ロボット化」する立場で「教育改革」をすすめてきたのです。

四つ目は、「徳目道徳」教育の押しつけによる「文句を言わぬ」国民づくり、「国家への忠誠」を求める教育を徹底することです。最初の項目で述べたとおりです。

教育は誰のもの

「戦後教育で欠けているのは思いやりの心、奉仕の精神、父母や祖先を敬う気持ちの涵養、日本のすぐれた文化や伝統の尊重、国旗・国歌への敬意や国を愛する気持ちを大切にする心」（元自民党森喜朗幹事長）

「（戦後教育には）共同体の一員としての責任、規律、民族の連帯感などが軽視されている」（元自由党扇千景議員）

憲政史上はじめてという国会本会議与党単独開催による総理（小渕恵三）の「所信表明演説」が強行されました。それにつづいて与党からの「代表質問」で、教育に関わる一部がこの発言です。

これらの発言は、憲法問題と教育基本法問題をとりあげ、その改悪を迫るために準備された発言だったのです。こうした準備の下で、憲法調査会や与党三党の合意で設置された「教育改革国民会議」において憲法、教育基本法の改悪「論議」が進められました。

当時、教育基本法改悪を政治の舞台に浮上させた背景には、総選挙をにらんだ思惑もある、とマスコミは報道していました。例えば、「政権のイメージは悪化の一途をたどっている。これを切り抜けるために『株価』『北朝鮮』『教育』の『三つのK』で巻き返しを図ろうとしている」（『朝日新聞』一九九九年一一月二六日付）などはその代表的なものです。現に故小渕首相は、先の国会の「所信表明演説」で、「教育改革」を重要課題と位置づけ、その推進に全力をあげる、と言っていたのです。

教育と子育てをめぐる深刻な状況、それらに対する不満と不安を逆手にとって、「きれいな言葉」を並べ、その反動的中身を覆い隠した「教育改革」の推進を唱え、内閣の支持率アップをねらうという政略的意図は明白でした。今の政権も少しも変わっていないことがよくわかる事例ではないでしょうか。

さらに、今からほぼ三〇年余り前に「行革のあとは、やっぱり教育でしょうね。それが事実上憲法問題を処理することになる」（『週刊現代』一九八一年八月二七日号）と語っていた人物がいます。臨時教育審議会を設置し、文部省を飛び越え「教育改革」を推進した、中曽根元首相です。

この「政略」は、その後の内閣にも引き継がれ、第一次安倍内閣の下で、ついに、教育基本法が改悪されました。(二〇〇六年)その後も、「教育再生会議」「教育再生実行会議」という首相直属の諮問機関で日本の教育は「改変」されていきます。

「はじめに子どもありき」＝子どもを第一義とする先生や学校の秩序がなくなり、混乱するのは当たり前です。先生たちの嘆きは日に日に色濃くなっていきました。最も不幸な目にあっているのは子どもたちです。

「教育は誰のもの」なのか、改めて、現場の実態、子どもの願い・親の願い、先生のおもいをふまえて、教育の本質的な論議を広範な人たちと強力にすすめなければなりません。

教育は、すべての子どもとすべての父母のものです。先生は、そのすべての子どもとすべての父母に対して責任を負わなければなりません。

子どもたちは自分の未来を夢見て、毎日学校にやって来るのです。「すべての」から目をはなしたり、「厳しさ増す現実」から目をそらすことは許されません。先生は自分を見失わないようにしっかり子どもと向き合い、一人でも多く周りの仲間と協働の輪を広げていく努力を怠ってはならないと思います。

五　新自由主義の正体を暴く！

肝心なことは、どんなに些細なことからでも自分が心の底から納得のいく実践をつくり出していくことです
同時に、一人でも多く周りの仲間と協働の輪を広げていくことです
これが子どもたちを守っていくことになります

五　新自由主義の正体を暴く！

第二項に、「財界の二一世紀戦略」によって文部省（現文科省）の「歴史的な転向」とさえいわれるような「教育改革」がすすめられたこと、その「戦略」の中心は新自由主義を基軸にした国家と資本の国家改革・再編成の企図にあった、と述べました。

「いつの間にこんなことに？」というほどに日本社会の「構造改変」は過激な変化を遂げました。それが、新自由主義という「戦略」の結果なのです。

新自由主義による構造改変は、二〇〇〇年代に入ると格差拡大，貧困層の増大、生活のセーフティーネットの破壊等々がすすみ、多くの人が不安や危機感を持つようになってきました。私は、前掲書『子どもの人権と教育のゆくえ』の執筆以来ずっとその新自由主義にこだわってきました。

そして、二〇〇七年、新自由主義の本質を突くナオミ・クラインの主張に出合います。それは三年後『ショック・ドクトリン』（岩波書店）となって出版されました。

ナオミ・クラインは、一九七〇年生まれのカナダ人。「罪びとの罪を糺《ただ》す天使」とまで呼ばれる気鋭のジャーナリストです。

『ショック・ドクトリン　惨事便乗型資本主義の正体を暴く』上・下巻が出版される三年前（二〇〇七年）にインタビューに答えるナオミ・クラインをネットでひろいました。その一部です。

一九七三年のピノチェト将軍によるチリのクーデター、天安門事件、ソ連崩壊、米国同時多発テロ事件、イラク戦争、アジアの津波被害、ハリケーン・カトリーナ。暴力的な衝撃で世の中を変えたこれらの事件に一すじの糸を通し、従来にない視点から過去三五年の歴史を語りなおすのが、『ショック・ドクトリン　惨事便乗型資本主義の正体を暴く』だ。

ケインズ主義に反対して徹底した自由市場主義を主張したシカゴ学派の経済学者ミルトン・フリードマンは、「真の変革は、危機状況によってのみ可能となる」と述べた。この主張を「ショック・ドクトリン」と呼び、現代の最も危険な思想とみなす。近年の悪名高い人権侵害は、とかく反民主主義的な体制によるサディスト的・残虐的な行為とみられがちであるが、実は民衆を震え上がらせて抵抗力を奪うために綿密に計画されたものであり、急進的な市場主義改革を強行するために利用されてきたのだ。

投資家の利益を代弁するシカゴ大学経済学部は、「大きな政府」や「福祉国家」をさかんに攻撃し、国家の役割は警察と契約強制以外はすべて民営化し、市場の決定に委ねよと説いた。でもそのような政策は有権者の大多数から拒絶され、アメリカ国内で推進することはできなかった。

民主主義の下では実現できない大胆な自由市場改革を断行したのが、ピノチェト独裁下のチリだった。無実の一般市民の処刑や拷問を行ったことは悪名高いが、それと同時にシカゴ学派による経済改革が推進されたのは、偶然ではない。これがショック・ドクトリンの最初の応用例だったのである。

ショックの効用を研究したもうひとつの機関は、カナダのマッギル大学。同大学の精神医学科はＣＩＡの資金で拷問手法としてマインドコントロールや洗脳の実験を行っていたようだ。囚人に幻覚剤を投与し、知覚刺激を奪って長期の孤立状態に置くことにより、精神を幼児まで退行させ、人の言いなりにさせる手法は、現在グアンタナモやアブグレイブで使われている拷問マニュアルに酷似している。

戦後イラクで連合軍暫定当局（ＣＰＡ）のブレマー代表は意図的に無政府状態と恐怖の蔓延を助長する一方で、急激な民営化を進めたが、これを個人に対するショック療法のパラレルとしての国民レベルのショック療法とみることもできる。

人類最古の文明におけるゼロからの再出発、既存体制の完全な末梢という発想には、個人の精神を幼児に戻して言いなりにさせるＣＩＡの拷問手法が重なる。

これはさらに、ハリケーン被害においても踏襲され、長年の放置により劣化したインフラが必然的に災害を招くと、それを口実に、まるごと民間に売り飛ばせという主張に拍車がかかる。

驚いたのは、このようなことを公然と認める経済学者たちの発言が、たくさんの文献に残されていたことだ。自由市場経済を提唱する高名な経済学者たちが、急進的な市場経済改革を実現させるには、大災害が不可欠であると書いているのである。

民主主義と資本主義が矛盾することなく、手を携えて進んでいくというのは、現代社会における最大の神話だが、それを唱導してきたまさにその当人たちが、それは嘘だと告白しているのである。この事実を踏まえて、この数十年の歴史を振り返ってみることは、私たちがいま、どうしてここまできてしまったのかを理解する大きな手がかりになるだろう。（http://democracynow.jp/video/20070917-1/　より）

三年後発売された『ショック・ドクトリン　惨事便乗型資本主義の正体を暴く』上・下巻でクラインは、アメリカの自由市場主義がどのように世界を支配したか、その神話を暴いています。ショック・ドクトリンとは、「惨事便乗型資本主義＝大惨事につけこんで実施される過激な市場原理主義改革」のことです。アメリカ政府とグローバル企業は、戦争、津波やハリケーンなどの自然災害、政変などの危機につけこんで、あるいはそれを意識的に招いて、人びとがショックと茫然自失から覚める前に過激な経済改革を強行する……、と説きます。

発売後すぐ、絶賛する反響が世界中に広がり、ベストセラーになりました。三十数カ国語に翻訳されているそうです。

読みすすめていくうちに、三・一一東日本大震災以後、日本の復興政策、復興支援が頭に浮かんできました。この本が震災後の日本の状況を参考にして書かれたのではないかという錯覚さえ覚えました。

震災からほぼ五年も経《た》つのに復興はかけ声だけでいまだに仮設住宅で不自由な暮らしを強いられている人が一〇数万人もいる事態（復興庁 二〇一五年一〇月）、原発事故処理の遅延と民間企業への丸投げ状態が頭に浮かんできました。

同時に、原子力政策をめぐって政府・東京電力と対立した末、冤罪（国策捜査）の疑いの強い収賄事件の追及によって職を追われることになった前福島県知事の佐藤栄佐久氏の著書にある内容を思い出しました。佐藤氏は原発事故発生の二年前に書いています。

ふたたび原発立地自治体にしわよせが

（二〇〇五年）一〇月一一日に開かれた国の原子力委員会で「原子力政策大綱」が了承され、一四日の閣議で国の原子力政策としての決定されることとなった。

もちろん、福島県が提出した意見はまったく反映されていない。国民の意見を形式的に聞いてこれまでの路線を強引に推進する。まさに日本の原子力行政の体質そのものの決定の仕方である。

しかし、この大綱を決めた原子力委員会委員並びに策定会議委員一人ひとりに、この核燃料サイクル計画が本当にうまく行くと思っているのかと問えば、実は誰も高速増殖炉がちゃんと稼働するとは思っていないだろうし、六ヶ所村の再処理施設を稼働して生産されるプルトニウムは、プルサーマル程度では使い切ることはできないと思っているであろう。使用済み核廃棄物の処分方法についての具体案をもっている人もいないのである。

しかし、責任者の顔が見えず、誰も責任をとらない日本型社会の中で、お互いの顔を見合わせながら、レミングのように破局に向かって全力で走りきる決意でも固めたように思える。つい六〇年ほど前、大義も勝ち目もない戦争に突き進んでいったように。私が「日本病」と呼ぶゆえんだ。（『知事抹殺　―　つくられた福島県汚職事件』平凡社二〇〇九年）

二年後、佐藤氏の言葉はそのまま現実のものとなったのです。

見逃してはならないのは、こうした悲劇的な事態は大震災・原発事故以前から分かっていたことです。

クライン・ナオミのいう、アメリカ政府とグローバル企業は、戦争、津波やハリケーンなどの自然災害、政変などの危機　―「惨事便乗型資本主義＝大惨事につけこんで実施される過激な市場原理主義改革」―　につけこんで、あるいはそれを意識的に招いて、人びとがショックと茫然自失から覚める前に過激な経済改革を強行する、という「アメリカの自由市場主義がどのように世界を支配したか……」その神話が、そのまま大震災の惨状と重なります。

佐藤氏の言う「責任者の顔が見えず、誰も責任をとらない日本型社会」であるならこの惨事は「意識的に招いた」といえます。いかなる理由があるにせよ原発を国策としてすすめてきた日本政府はそれを決めたときから国民を軽んじ、見下し、国民不在の政治を推し進めてきたことになります。今回の「安保法制」にも通底します。

話を『ショック・ドクトリン』にもどします。

クラインは、ケインズ主義に反対し、徹底した市場原理主義を主張したシカゴ学派のミルトン・フリードマンを批判、こうした主張を「ショック・ドクトリン」と呼び、現代の最も危険な思想だと説きます。そして、近年の悪名高い人権侵害は、反民主主義的な体制による残虐行為と見るばかりでなく、民衆を震え上がらせて抵抗力を奪うために綿密に計画され、急進的な市場主義改革を強行するために利用されてきた側面に注目すべきだとも説くのです。

「ショック・ドクトリン」の最初の応用例は、一九七三年の軍事クーデターによるアウグスト・ピノチェト政権下のチリであるとします。シカゴ学派は投資家の利益を代弁、「大きな政府」や「福祉国家」をさかんに攻撃し、国家の役割は警察と契約強制のみであるべきで、他はすべて民営化し市場の決定に委ねよと説いていたが、そのような政策は有権者の大多数から拒絶され自国アメリカでは推進することができず、独裁体制下のチリで実行に移されたと述べています。チリでは無実の一般市民の逮捕・拷問・処刑が相次ぐばかりでなく、「惨事便乗型資本主義」がはびこって、「小さな政府」主義が金科玉条となり、公共部門の民営化、福祉・医療・教育などの社会的支出の削減が断行され、多くの国民が窮地に追い込まれているとも述べています。

以後、天安門事件（一九八九年）、ソ連崩壊（一九九一年）、アメリカ同時多発テロ事件（二〇〇一年）、イラク戦争（二〇〇三年）、スマトラ島沖地震（二〇〇四年）による津波被害、ハリケーン・カトリーナ（二〇〇五年）といった、政変・戦争・災害などの危機的状態をあげ、「惨事便乗型資本主義」「惨事活用資本主義」、「災害資本主義」、「火事場泥棒資本主義」はこれにつけこんで、人々がショック状態や茫然自失状態から自分を取り戻し社会と生活を復興させる前に、過激なまでの市場原理主義を導入し、経済改革や利益追求に猛進してきた、と述べているのです。

日本が直面する貧困、格差、生活保護の切り捨て、生活の質、幸福度の測定、環境、エネルギー問題、異常気象、規制緩和、ブラック企業、国際貿易、TPP秘密交渉、戦争、（非）民主主義などの諸問題をよくよく考えると、資本主義とグローバリゼーションという大きな問題にゆきあたります。これらの問題を考えないと、からまりつながる複雑なシステムの全体像をさぐることはできません。それができないと問題の本質を見出すこともできないと思います。マネー資本主義がもたらす不平等、不公正、資本主義の金融化拡大が何を意味しているのか、追求すべき課題が次々に出てきます。資本主義と民主主義が矛盾することなくすすむには何が必要なのか……難問ですが、まだまだ追求すべき課題は山積です。

それはさておき、新自由主義が何をめざし、どんなことをしてきたのか、しようとしているのか、その正体がよく分かるところを紹介しました。上・下巻七〇〇頁に及ぶ大部な書ですが読めば引き込まれていきます。

「いじめ」問題と「教育改革」

再び、新自由主義と「教育改革」のかかわりを「クライン説」で考えてみます。落ちこぼれ（低学力）、いじめ、校内暴力、対教師暴力、不登校・登校拒否、学級崩壊、自殺、級友殺人等々、教育現場の異常事態はとどまりません。これらはまさに教育現場にとっては「危機状況」です。

「真の変革は、危機状況によってのみ可能となる」（ミルトン・フリードマン）。クラインは、『ショック・ドクトリン』に、予期しない事態がおこった時の衝撃を政策上の原則として示した教科書に従い、そうした危機につけこんで急激な「変革」を実施するのが新自由主義の正体だと説きました。

それはそのまま、日本の「教育改革」に当てはまります。

すでに、第一項の「道徳の教科化」でも述べましたが、教育現場の異常事態を解決するために「道徳」を教科にする必要があるのだという見当違いな論理展開は、まさに「惨事便乗型」であり、「火事場泥棒的」というほかはありません。

「いじめ」問題を追えばそれはより明白です。

拙著『こうすれば克服できる「いじめ」問題』（たかの書房　二〇〇七年刊）の「三、『いじめ』問題の歴史」からそれを概観しながら考えていきます。

残虐、陰湿で尊い「生命」までを奪う「いじめによる自殺事件」は、一九七六年一月、東京都足立区の中学二年生男子が自宅で首吊り自殺をしたのがはじまりとされている。二年後の一九七八年二月には、滋賀県「野洲中殺傷事件」として知られている「いじめ」の仕返し死傷事件へと続く。同年、京都（仕返し放火）で、大阪（仕返しお茶に劇薬）で、兵庫（自殺）で、福岡（刺殺）で、と一挙に「いじめ」にかかわる事件が多発する。その時々に関係機関やマスコミはそれらをとりあげるが、大きな社会問題に至らなかった。しかし、その後も「いじめによる自殺事件」は続いていく。

一九八〇年代に入り、中学校で「校内暴力事件」が多発。その「暴力」を力で制圧することによって「いじめ」が続発する。結果、八〇年代半ば頃から「いじめ」による自殺事件や仕返し殺人が増加し、八五年になるとマスコミもいっせいに報道を開始する。旧文部省も、各都道府県教育委員会に通達を出し、「いじめ」発生件数の把握にかかり、対策をたてはじめる。直後の一九八六年二月、「葬式ごっこ」で社会的に注目された鹿川裕史君の「いじめ自殺事件」がおこり、一挙に大きな社会問題となる。

そして、約一〇年後の一九九四年一一月、愛知県西尾市東部中学校二年生の大河内清輝君の首吊り自殺事件から一連の自殺事件が続発し、再び、大きな社会問題としてとりあげられる。そして、一二年後、先にみたとおり(二〇〇五年、三度起こった「いじめ」問題が原因で自殺事件が多発)の「事件」となってあらわれることに。「暴力を力で押さえつければいじめがふきだし、いじめを管理すれば、学校を拒否する子どもがふえる」さらに、「構造改革」のもと「教育改革」の名ですすめられてきた諸政策は、「弱肉強食」を最も大きな特徴とする市場原理に基づいているために「勝ち組」「負け組」の構図が学校現場にも鮮明に現れ、日に日に子どもたちを追い込んでいくことになっている。「逃げ出す」ことも「拒否」することもできずに、ギリギリのところで生きている子どもたちなのである。一つ間違えば、尊い生命までも奪っていくという状況にまで子どもたちを追いつめている。このように深刻な人権否定への進行は、今も止まってはいない。止まるどころか、教育基本法の改悪、その具体化の第一歩としての「教育再生会議第一次報告」にみられる中味は、今の状況をさらにいっそう悪化に導くものばかりである、と言っても決して過言ではない。

七〇年代後半から四〇年以上つづく「いじめ」問題は、新自由主義を基軸とする「教育改革」のなかで生起しているのです。当初、「いじめ」は昔からある、子どもの成長過程における「必要悪」、ひ弱な子どもの育ち方に問題がある、などという声で、「いじめ」問題の本質を覆い隠す政治的圧力にマスコミは支配されました。しかし、残虐、陰湿で尊い「生命」までを奪う「いじめによる自殺事件」はおさまるどころか多発・連続し、さすがの文科省・政権与党も虚偽の情報でごまかすことができないと判断するや「いじめ」問題の対策にのりだします。マスコミも一斉に取り上げ、社会問題化しました。しかし、「危機につけこんで変革を強行する」のが新自由主義の正体です。「いじめ」問題多発の根本的原因が新自由主義、つまり、市場原理に基づく日本の教育政策「教育改革」にあることは口が裂けても言えません。言ったことは、「いじめに負けずに勇気を持って周りの人に訴えよう」「尊い命を大事にしよう」などと子どもたちへの呼びかけでした。

文科相や総理大臣までが全国の子どもたちに「書簡」を送りました。

先生には「子どもたちのいかなるサインも見落とすな」「子どもたちの心に寄り添った教育活動を」などと通達を出すとともに「いじめ」発生件数の調査や対策を教育委員会に求めました。

こんなことで「いじめ」問題がなくなるはずがありませんが、文科省や政権与党が「真面目」に「真剣」にとりくんでいるという情報発信とそれを「忠実」に報道するマスコミのせいで一時的におさまったかのような様相を呈します。

既定方針通り、文科省・政権与党は「教育改革」をすすめることになりますからまた再び「いじめ」による自殺事件が多発します。

今度は、あろうことか、教育基本法が「悪い」からだと根拠のない「宣伝」を繰り広げ、教育基本法改悪（二〇〇六年）の理由にしました。（拙著『学ぼう！生かそう！教育基本法』（たかの書

房刊　二〇〇三年　に詳述）

まったく逆さまの論理展開です。四七教育基本法が誠実に遵守《じゅんしゅ》されていれば、悪質な「いじめ」問題など起こるはずもないのです。白を黒と言い含める権力の横暴は止まりません。

当然「いじめ」問題も繰り返し起こります。

ならば、今度は法律で対策を、と「いじめ防止対策推進法」を制定（二〇一三年）。制定理由は、学校が「いじめ」に対して適切な対応をしていないこと（大津市で起こった事件が契機　二〇一一年）であり、「いじめ」の定義づけとして「他の児童生徒が行う心理的又は物理的な影響を与える行為」により「対象生徒が心身の苦痛を感じているもの」と今さらながらの内容です。

さらに、学校の対処方法として「（1）道徳教育等の充実（2）早期発見のための措置（3）相談体制の整備（4）インターネットを通じて行われるいじめに対する対策の推進を定めるとともに、国及び地方公共団体が講ずべき基本的施策として（5）いじめの防止等の対策に従事する人材の確保等（6）調査研究の推進（7）啓発活動について定めること」などというお粗末きわまりないもの。

なかでも、「いじめが犯罪行為として取り扱われるべきものであると認めるときの所轄警察署との連携について定めること。また、いじめられている児童生徒の生命又は身体の安全が脅かされているような場合ただちに警察に通報すること。」「いじめを行った児童生徒に対する指導又はその保護者に対する助言について定めるとともに懲戒、出席停止制度の適切な運用等その他いじめの防止等に関する措置を定めること。」と、相変わらずの懲罰主義の「取締法」です。

「いじめが犯罪行為として取り扱われるべきものであると認めるときの所轄警察署との連携云々」ともありますが、その警察署内（兵庫県警 二〇一五年一〇月）において警察官同士で「いじめ」による自殺事件が発生しているのですからなにをか況《いわ》んやです。

さらに、地方自治体でも「いじめ防止条例」を制定し国に準じた取り締まりで「いじめ」問題を「防止」するというありさまです。

そもそも法律や条例の不備によって起こった「いじめ」問題ではありません。法整備をしたからといって解決する問題でないことぐらいはわかりきっているはずです。にもかかわらず「いじめ防止条例」を制定するのです。深刻な「いじめ」問題を何とかしなければならないという自治体のとりくみのすべてを否定しませんが肝心なところに目が向けられていません。国の教育政策を「是」としている以上、こういう対策しか打てないのです。

「暴力を力で押さえつければいじめがふきだし、いじめを管理すれば、学校を拒否する子どもがふえる」さらに、新自由主義のもと「教育改革」の名ですすめられてきた諸政策は、「弱肉強食」を最も大きな特徴とする市場原理に基づいているために「勝ち組」「負け組」の構図が学校現場にも鮮明に現れ、日に日に子どもたちを追い込んでいくことになったのです。「逃げ出す」ことも「拒否」することもできずに、ギリギリのところで生きている子どもたちなのです。一つ間違えば、尊い生命までも奪っていくという状況にまで子どもたちを追いつめているのです。

このように深刻な人権否定への進行は、今も止まってはいません。止まるどころか、教育基本法を改悪までしてどんな教育を推進していこうとしているのか、今回の「安保法制」と「軌を一」にしていることは今や明白です。このまま推移すれば状況はさらにいっそう悪化していくことになります。

私は、そうしたことを踏まえ、その時々に『「いじめ」克服は授業実践で』(たかの書房 一九九六年刊)『こうすれば克服できる「いじめ」問題』(同 二〇〇七年刊)を著し現場での対抗軸を示し、機会があれば声をあげ続けてきました。

その内容は、日常の授業実践で子どもたちが身につける「認識」を問う提起です。生活綴方などによる生活認識、文学の授業などによる人間認識、社会科による社会認識、これらの認識のもとで身につく「ものごとを正確にとらえる力」=「真・偽」「正・邪」「善・悪」「美・醜」を見分け、正しく判断する力。つまり、分別できる力を育てる教育実践を何より大切にしようという呼びかけです。どの子も伸びる研究会四〇周年記念誌『明日を拓く』『育ち合う教育学—戦後日本教育の核心—』(いずれも部落問題研究所刊)に実践事例をあげ、とり組みの成果を示しています。

授業を大事にすることは先生にとって当たり前のことです。目の前にいる子どもたち一人ひとりの願いや要求に根ざした内容で、すべての子どもが喜び、満足する授業をするのが先生の役割です。その役割が果たせる条件を整えるのが教育政策であり文科省・地方教育行政の責務のはずです。「教育改革」はそれを許さないのです。

悲惨な「いじめ」問題による自殺事件が続発してもその場限りの対策を示しながらなおその悲惨な事態を活用して、教育内容や方法にまで「改革」という名で介入し、現場の先生の実践と研究の自由を奪い、学力テストで競争をあおり、どこまでも教育に市場原理（競争による選別と差別）を徹底させます。

すぐにでもできる「いじめ」をはじめ、諸問題への正しい対処法があります。言うまでもありません、先生の数を増やすことです。「学級編制及び教職員定数改善」をすすめることです。学級の子どもの数が減り、先生の数が増えれば子ども一人ひとりにこまかく目がゆき届きます。その子に必要な配慮もできます。ゆとりをもって子どもたちと向き合い、落ち着いた状態で日常の教育活動ができます。落ち着いた日常であれば、多忙感もなく、教育の専門家として研究にも打ち込むことができます。誰が考えてもわかりきったことです。

文科省は「学級編制及び教職員定数改善」のために必要な予算を毎年要求していますが、財務省はそれを認めず、実現しません。

なぜでしょう？　新自由主義を基軸とする「教育改革」があるからです。

教育は不効率部門だから余計な金はかけるな、金をかけるなら「数％のエリート」のために、というのが基本だからです。

新自由主義による「教育改革」はこうしてすすめられてきました。そして、今もなお、それはすすめられているのです。国民に分かりにくく巧妙に仕組まれた構造の中ですすめられていきますから本当にたちの悪い、「改革」です。

そのたちの悪い「改革」が数一〇年をかけた結果が、今の姿であることをまず認識することです。その上で、長い期間「改革」という名の下で強固なものとなっている管理社会、管理教育というシステムのなかに縛りつけられ、「慣れ」させられている自分、同化してしまっている自分を見つめ直し、思想の助けを得ながらその縛りから抜け出すことを意識しなければなりません。そうすれば、人間としての思いを覚醒できるはずです。

そして、肝心なことは、どんなに些細《ささい》なことからでも自分が心の底から納得のいく実践をつくり出していくことです。同時に、一人でも多く周りの仲間と協働の輪を広げていくことです。これが子どもたちを守っていくことになります。

六　次々にあらわれる「壊し屋」システム

NPMとは
PDCAと教育実践
OJTで教員統制

先生は、子どもたちの成長のためにある、責任ある専門家です
そのことに誇りをもって、連帯・団結できる仲間を増やしていくこと
それが、道理のない統制への大きな抵抗を生んでいくことになります

六　次々にあらわれる「壊し屋」システム

管理社会、管理教育というシステムのなかに縛りつけられ、「慣れ」させられている、同化している、と書きました。その縛りから抜け出すためにも、そのシステムがどういうものかを知ることが肝心です。

新自由主義を基軸とする「教育改革」がすすめられるなか、「悲運」な目に遭ったのは、先生たちです。なぜならば、次々に引き起こされる学校での問題（否定的事象）の原因は「教師にあり」と批判・攻撃の対象にされ、先生たちを萎縮させたからです。加えて、教育という専門職に、モノをつくったり、サービスを売る企業と同じように効率＝使う費用や労力に対して得られる成果を求めました。これも新自由主義の下での「教育改革」の一貫なのです。

その効率を何に求め、どうはかったのでしょうか。

先生の間には競争がない、学校間にも競争がないから教育効果が上がらない、と先生と学校に競争を仕掛け、教育という専門家としての仕事を投げ捨てさせ、競争する先生としてロボット化する謀略です。教育効果とはいうまでもありません。政権与党・文科省がめざす「教育改革」進行の度合いです。その浸透と速度向上を謀《はか》り、企業と同じ管理システムを導入します。それによって先生をロボット化しようとしているのです。

すでに教育現場に定着しつつあるNPMやPDCA、OJTがそのシステムです。

結論を先に言いますが、これらによって、先生の教育活動のすべてを徹底管理し、競争を強いるシステムになっています。否応《いやおう》なしに従わざるを得ない仕組みとしてそれは、先生の目の前に現れました。「効率」よく活動する＝お上のいうがままに働く、先生づくり、つまりロボット化をすすめるという策略です。

NPMとは

NPM（ニュー・パブリック・マネージメント）とは直訳すれば、「新公共事業の経営・管理」でしょうか。

もともと、一九八〇年代半ばからの経済不況、情報化などにともなって、イギリスやニュージーランドなどの国が公共部門の効率化をすすめるために採用した行政経営手法がNPMといわれるものです。

民間企業で活用されている経営理念や改革手法を適用することで、行政経営の効率性や生産性、有効性を高めようとする試み全体を総称します。

今、全国の自治体に広がりつつありますが、その提唱と推進力は総務省です。

総務省は『新たな行政マネージメントの実現に向けて』（二〇〇二年五月）として、「行政を一つの経営主体としてとらえ、新たに『マネージメント改革』という視角を設定し、経営改革という側面から、今後の行政のあり方について検討」すると発表しました。長文かつ難解なもので要約するのはむずかしいのですが、私なりに解釈し現状と照らし合わせて整理してみます。

公共部門や地域社会の運営に経営的視点をもちこみ、従来から「お役所仕事」といわれてきたそれを「非効率的」「官僚主義」だとします。そこから脱却する目的で行政に転換を求める発想で採用を迫るのです。つまり、自治体も企業経営と同じように「行政管理」から「経営」へ転換させせよ、ということです。これが「行政経営改革」です。

一九九〇年代以降、日本の自治体の財政悪化もあって、事業が生み出す「成果」に対して大きな社会的関心が向けられるようになります。行政は、NPMの導入によって政策プログラムから得られる成果を的確に評価し、効率よく業績をあげ、かつ説明責任を果たすことが可能になる、と成果主義の下での「経営体」として行政改革を求められたのです。これが、総務省のいう『新たな行政マネージメントの実現に向けて』の内容です。

学校教育に引きよせて考えてみます。

総務省のいう行政経営改革は、企業経営の手法で行政を運営するということにあります。しかし、経営主体はあくまでも行政にありますから権限はこの行政にあります。つまり、自治体行政が一つの会社としてみなされ、首長と教育委員会が経営トップになり、学校はその経営体の「営業部」という位置づけになるようなものです。

行政組織改革の中心は、「行政へ『マネージメントサイクル（PLAN―DO―SEE）』」を導入し、当該施策や事業が達成した成果を『業績測定』等を通じて事後に評価（See）し、次の計画（Plan）へとフィードバックさせる流れを構築する」（総務省）としています。さらに、このようなサイクルを公的部門において機能させるためには、「戦略計画の策定」「業績測定」「成果志向型行政」を求めています。

重要なのは、「戦略計画の策定」です。

「もとより、議会制民主主義においては、国民のニーズの把握と行政への反映については、政治がその役割を担っており、行政はその執行者としての立場に立つ。このため特に政府全体としての国家戦略にかかる目標をはじめ、戦略目標については、本来、政治がトップ・マネージメントとしてこれを決定し、優先順位をつけ、資源配分を行うことが基本」と「政治による決定・調整」が中心になるとしているのです。

となれば、議会制民主主義による決定、あるいはこの議会制民主主義によって成立した自治体が「戦略計画の策定」を決定することになります。

となると、教育行政もまた、議会制民主主義を介して組織された政治権力の決定に従う経営的マネージメントによって管理されることになるのです。

このように整理してみると頭に浮かんでくるのが、大阪府と大阪市における前橋下市長の「改革」です。

橋下市長は大阪府でも大阪市でも、維新の会とともに膨大な条例をつくりました。「学校活性化条例」と「職員条例」はその最たるものです。この二つの条例といくつかの規則や通知などにより、教職員を徹底的に管理し、しかも教育活動の成果について、各段階の割合を決めた五段階評価で教職員を評価し、給与に反映させました。加えて、同じ注意を三回受けても従わなければ免職にすることもある、という規定までつくったのです。恣意的に活用できる規定であり、職員や教職員にすれば文字通り恫喝的規定となり、管理統制は徹底されます。こうなれば、もはや「恐怖政治」です。

教員評価の結果に基づき給与を差異化するという人事考課制度は、他の自治体でも始められていますし、今後導入の予定が発表されているところもあり、広がりつつあります。

さらに、橋下市長の教育介入は全国学力テストの学校別結果の公表によって学校間の競争を促進、民間からの管理職登用など政治介入がつづきました。

これまでの教育委員会は、政治権力や一般行政から相対的に独立性が保障され、合議制の行政委員会という地位にありましたが、教育委員会制度が改悪(二〇一五年　四月)されたことによって教育委員会の教育委員長と教育長が一本化され、新しい教育長が生まれました。これにより、教育行政の長である教育長の権限が強化されることになります。橋下市長のやってきたことは改悪教育委員会制度の先行的モデルといえます。

今回の教育委員会制度改悪は、橋下市長がやってきた管理主義的な制度・仕組みの導入や行政的統制をさらに強める可能性をもっていますし、首長を中心とする政治の介入を促進することにもなります。なぜならば、新教育委員会制度では首長が主宰する総合教育会議を設置し、首長と教育長・教育委員によってこれを構成し、各自治体の教育行政の指針となる教育大綱を決めることになっているからです。

これは、二重に首長の教育への介入を正当化することになります。

一つは、その教育大綱に首長の意向や考え方が大幅に採用されるようになること

二つには、教育長と教育委員の選任・任命と罷免の権限は首長にあるので首長に逆らうことはできなくなることです。

そういうことになれば、行政的・管理的な統制がいっそう強まり、首長の政治介入も促進することになります。

一方、文科省のホームページにも「教育委員会制度改革」について、図表入りで説明されています。改革がいかにすばらしいものか「バラ色」に描かれていますが、細心の注意を払ってみる必要があります。

例えば、いじめ問題についてです。

「いじめ事件などが生じた場合には、まず、常勤の教育長が第一義的な責任者として迅速に対応することとなります。また、教育長の判断により、教育委員への迅速な情報提供や教育委員会会議の招集が可能になります。さらに、首長の判断により、緊急に総合教育会議を開い

て、講ずべき措置について教育委員会と協議・調整を行うことも可能です。」

などと「制度改革」によって「いじめ」問題を解決へ導くといわんばかりの表現で制度改悪の本質を覆い隠しています。

〈これまでの教育委員会の課題〉として、

「教育委員長と教育長のどちらが責任者かわかりにくい」

「教育委員会の審議が形骸化している」

「いじめ等の問題に対して必ずしも迅速に対応できていない」

「地域住民の民意が十分に反映されていない」

「地方教育行政に問題がある場合に、国が最終的に責任を果たせるようにする必要がある」

などとし、「制度改革」によってそれらが解決すると主張するのです。

本当のところは、『新たな行政マネージメントの実現に向けて』（総務省）を実現するために改変する必要があったから教育委員会制度を改変したにもかかわらず、それを覆い隠す内容になっています。

こうしてNPMは学校経営の方法論として展開されます。

学校経営計画の策定者は校長ですが、首長と教育委員会が経営トップですから現実的にはすべての権限が校長にあるとはいえず、策定する実体は首長と教育行政にあります。学校経営にとって最も大事な「目的」「目標」は首長と教育行政が決めるのです。

そこで決められた「目標」「目的」に従い、学校経営計画を策定するのが校長ということになります。すでに決められている「枠」の中で、学校経営計画の策定者は校長とし、校長の責任で計画、実施、評価、改善を行うことになります。そして、策定された学校経営計画の「目標」を先生たちの共通目標として、一人ひとりの自己申告書でその目標を具体化する、という流れをつくり出したのです。

校長はその目標を検証可能な数値目標として設定します。

例えば、「学力テストの平均点を○点以上あげる」などという目標が設定されます。目標が達成するかどうかで評価され、それが給与に反映するとなれば教師の動きがどうなるか、自ずと明らかなことです。

中学校や高校であれば、「進学率」「進学校」などが目標としてかかげられることになるのでしょう。

「いじめ『0《ぜろ》』の学級をつくる」などという目標をかかげる先生はおそらくいないでしょう。いたとしても、もし「いじめ」問題があっても評価にかかわりますから「隠蔽《いんぺい》」しかありません。

数値目標となると、単純明快ですが限られます。「学力テストの点数」「進学率」を目標に掲げれば、毎日の授業はどうなるか、です。「どの子も楽しくわかる授業」「すべての子どもに確かな学力をつける授業」など望むべくもありません。ただひたすらテストの点数を上げるための授業へと向かいます。どの子も楽しく、わかる授業をつくるための先生の工夫や研究の力は萎えていきます。こうなってくると、教育内容や方法を規制する必要はなくなります。まさしく、強権的な管理統制システムは、教育内容・方法までをも含め「効果」を得ていくことになるのです。

こうした「おかしさ」＝専門家としての仕事を剥奪していく事態に抵抗せず、受け入れていく先生はまさにロボット化されていくことになります。

ＰＤＣＡと教育実践

「ＮＰＭは、学校経営においてはＰＤＣＡサイクルとして展開されるべきである」として中教審答申（二〇〇八年一月）に登場しました。

そもそもＰＤＣＡとは、事業活動における生産管理や品質管理などの管理業務を円滑に進める手法の一つです。

ＰＬＡＮ（計画）→ＤＯ（実行）→ＣＨＥＣＫ（評価）→ＡＣＴＩＯＮ（改善）の四段階を繰り返すことによって、業務を継続的に改善するためにつくり出されたものです。

もとは、第二次世界大戦後、品質管理を構築したウォルター・シューハート、エトワーズ・デミングらが提唱した手法といわれ、シューハート・サイクル、またはデミング・ホイールとも呼ばれます。

PDCAサイクルという名称は、いうまでもないことですが、サイクルを構成する四段階の頭文字をつなげたものです。後に、デミングは、入念な評価を行う必要性を強調してCheckをStudyに置き換え、PDSAサイクルともいわれます。

1. Plan（計画）―　従来の実績や将来の予測などをもとにして業務計画を作成する
2. Do（実施・実行）―　計画に沿って業務を行う
3. Check（点検・評価）―　業務の実施が計画に沿っているかどうかを確認する
4. Action（処置・改善）―　実施が計画に沿っていない部分を調べて処置をする

この四段階を順次行って一周したら、最後のActionを次のPDCAサイクルにつなげ、螺《ら》旋《せん》を描くように一周ごとにサイクルを向上（スパイラルアップ）させて、継続的に業務改善する、という生産管理や品質管理に使われてきたのです。

これを中教審答申は教育実践に取り入れる、として、次のように提起します。

「このように、学校教育の質を向上させる観点から、教育課程行政において、①学習指導要領改訂を踏まえた重点指導事項例の提示　②教師たちが子どもたちと向き合う時間の確保などの教育条件の整備　③教育課程編成・実施に関する現場主義の重視　④教育成果の適切な評価　⑤評価を踏まえた教育活動の改善といった、Plan（①）―Do（②・③）―Check（④）―Action（⑤）のPDCAサイクルの確立が重要である。各学校においては、このような諸条件を適切に活用して、教育課程や指導方法等を不断に見直すことにより効果的な教育活動を充

実させるといったカリキュラム・マネジメントを確立することが求められる」(傍線筆者)

はたして、民間企業で活用されている経営理念や改革手法＝NPMであるとか事業活動における生産管理や品質管理などの管理業務の手法＝PDCAを教育に導入しなければならないほど学校経営が成り立たなくなっているのか、教育の質が悪くなっているのかを問わなければなりません。答は「否」です。

学校現場に生起する「いじめ」問題をはじめ、諸問題の解決をこれによって解決できるとか、学力向上には必要なマネジメントと宣伝しますが、ねらいはそうではありません。前述したように「強権的な管理統制システム」の実施・完成にあるのです。

そもそもPDCAサイクルでの目標は上からのミッション(一般的には「使命」「重大な役割」として使われますが、ここでは命令が妥当)として課せられます。現にPlanは「①学習指導要領改訂を踏まえた重点指導事項例の提示」であり、それを勝手に変えることは許されません。その目標達成のためのDoであり、Checkであり、Actionなのです(先の傍線部分(　)に番号を入れそれを示していることに注意)。中教審答申はこのサイクルを確立させることが「学校教育の質を向上させる」として押しつけているのです。

つまりは、上から(文科省・教育委員会・管理職等々)の命令に教師と学校を忠実に従わせ、効率的な実践者をつくる、ということです。

学校・先生は課せられた「目標」達成のための計画(Plan)を立てさせられ、目標達成のための実践（Ｄｏ）をさせられ、結果を計画に照らして評価（Ｃｈｅｃｋ）され、目標が達成できない場合は自己責任として反省（Ｃｈｅｃｋ）を強いられるのです。そして、当初の計画を達成するための改善（Ａｃｔｉｏｎ）を強要されます。

この命令系統すなわち中教審のいう「カリキュラム・マネジメント」を「教育課程行政」において「確立」していく、といっているのです。

私には到底理解できないし、納得もいきません。

なぜならば、教育と教育実践のとらえ方が根本から間違っているからです。教育と教育実践の出発点は子どもにあります。「はじめに子どもありき」です。子どもの実態や親の願いに対して「目標」がつくられ、あるべき子どもの姿を描いた上で教育実践はすすむのです。実践をすすめる中で検証を繰り返し、より質の高い実践が展開されていくことになります。サイクルというならこれが教育実践のサイクルです。

教育実践のサイクルは生産管理や品質管理サイクルとは全く質が違います。誰が考えてもわかることです。ですから、中教審のいう「教育と教育実践のとらえ方が根本から間違っている」というのです。いや、そんなことは百も承知で、教育と教育実践に対して強引に「介入」し、教育そのものを「解体」し、積み上げられてきた日本の民主教育の機能をなくす目的で打ち出してきた教育政策なのです。それを否応なく学校と先生に押しつけているのです。

実際にＮＰＭとＰＤＣＡを押しつけられている教育現場に起こっている生々しい事例があり

ます。日々子どもたちとともに成長しようと努力を重ねている和歌山県の助野公彦先生の話です。

全国学力テストの学校別結果が発表されました。担任する学年(六年生)の平均点が昨年度を上回る結果でした。校長は「よく頑張ってくれました。よかったです、ご苦労様でした……」と僕にねぎらいの言葉をかけてきました。

平均点は平均点です。平均点が上がったのはたまたまの話で、その逆も当然起こりうる話です。平均点でしか子どもたちが見られなくなるようで「怖さ」を感じました。見てほしいのは、いや見なくてはならないのは、学級・学年には平均点に及ばない子どもがたくさんいることです。そういう子どもたちは、生活課題をいっぱい背負って学校にやってきています。親の暮らしの状態(低所得・貧困)や母子家庭・父子家庭の増加など学習環境や生育条件が整っていない子どもたちがいかに多いか、わかっているはずなのです。その子どもたちが少しでも安心して学び、生活を向上させ、学力の獲得に意欲を持つようになるために一生懸命に頑張っているつもりです。よき管理職であれば、そういう子どもたちにこそ、なお鋭く、優しく、温かく目を向けてきたはずです。それが父母・保護者・地域から支持を得、良い学校だと言われてきたのではないでしょうか。かつては、そうやって学校をあげて、すべての子どもに目を向けた教育があったのに大きく様変わりしていると感じました。学校が学校でなくなっていく怖さを感じています。

現在の学校の異常さ、教育破壊の様子が見事に言い表されているのではないでしょうか。NPMとPDCA手法の下で学力テストの結果をはじめ「数値化された目標」で先生は評価され、その評価が給与に反映します。その結果、否応なしに先生たちを競争に導くことになり、先生たち同士の仲間をバラバラに分断し、学校という「共同体」が破壊されていくことになります。中教審のいう「学校教育の質を向上させる」の「質」とは、先生たちに競争を仕掛け、「教育改革」の進行を早めるという「成果」を上げることなのです。

これを今の子どもたちの「姿」から推しはかればどうなるでしょうか。

競争と管理の教育を押しつけられてきた子どもたちは、幼い頃から「よい高校」「よい大学」へと競争によって勉強を脅迫され続けてきました。競争がなければ勉強することへの意欲が持てないような管理教育システムが構築されてきました。それへの抗議として、低学力（学習意欲喪失）、いじめ、校内暴力、対教師暴力、不登校・登校拒否、学級崩壊、自殺、殺人等々、教育現場に異常事態が引き起こされてきたのです。

この競争教育を四〇年以上批判しつづけ、専門職として誠実な教育実践を多くの先生が、知恵と力を結集し、あるべき本来の教育の姿を追い求めつづけてきたからこそ、何とかもちこたえて、今日があるのです。

こうした営みがあるからこそ今の教育現場の異常を指摘する助野先生のような先生たちが健在するのです。

「教育改革」を推進する為政者は、それがよほど気に入らないのでしょう。そういう先生たちをつぶしにかかるための手法がNPMとPDCAだといってもいいと思います。

競争教育実践によって先生の人格を管理し、競争的人格を形成しようとするのが「教育改革」の正体です。

競争する先生が、子どもたちに競争を仕掛ける教育現場を想像してください。「脅し」「強迫」によってしか子どもたちを管理することができなくなるに違いありません。

子どもたちは、日常の生活においてより抑圧を高めることになります。やがて、想像もつかない「爆発」「暴発」現象があらわれるかもしれません。そんな時、先生は「自己責任」として、給与の減額あるいは退職を迫られることになるのは想像に難くありません。

そんなことは「させない」「許さない」ために、いま必要なことは先生たちと子どもたち、親たちが力を合わせてみんなが望んでいる学校づくりに精一杯力を注ぐことです。許すか許さないかが先生たちの肩に掛かっています。

先生たちが助野先生のように「怖さ」を感じるかどうかが問われます。若い世代の先生は、すでに三〇年以上もつづく「教育改革」の真っ只中で学び、育ってきました。その「教育改革」は「弱肉強食」を最も大きな特徴とする市場原理に基づいているために「勝ち組」「負け組」の構図が学校現場に鮮明に現れました。日に日に子どもたちを追い込み、「逃げ出す」ことも「拒否」することもできずに、ギリギリのところで生きてきた世代です。いわば、深刻な人権否定への進行のなかで学んできたのです。二〇代、三〇代、四〇代前半の先生はそうした体験を少なからず持っているはずです。

これに関わって山下吉和先生（滋賀）は、『育ち合う教育学―戦後日本教育の核心―』第四章座談会「日本教育の危機にどうとりくむか」で、次のように語っています。

子どもが学校を休んだとき、引き継ぎの段階から「この家は大変だ」ということがわかっています。不登校の課題がある子どもならなおさら、一日、二日休めば、必ず家へ行って、勉強を教えたり、声をかけたり、保護者と話したりするのは当たり前のように思ってきました。兄弟関係があるので、弟のクラスの担任の若い先生にも声をかけて、一緒に行こうとするのですが、最初の四月は一緒に行ったものの、二回目以降は、兄弟そろって休んでいるのに、若い先生は「お願いします」ということで、なかなか足を運べない。これは悪意などが決してあるわけではなくて、とにかく目先のことを片づけなければならないという状況と、もうひとつは家庭訪問をするという教育的な意味についてあまり理解されていないこともあります。教員のなかには、低学力等のさまざまな課題に対して、絶望感、あきらめ感、「これ以上は無理」みたいな感覚があるのではないかと思えることがあります。（中略）

いま、いちばん気になるのが、教師の子ども観、教育観ですね。以前は、学校を休んだ子どもがいれば、家へ行って勉強を教えたり、低学力の子がいて、家庭学習ができていない状況であれば、保護者と連携して、なんとかしなければならないという危機感を持ってそれらに取り組むのが普通だったと思うのですが、そういう感覚、考え方がないとは言いませんが、脇に置かれてしまっている状況だと思います。だから、僕のクラス(五年生)も、九九が言えない子が四人も五人も残されたまま、そこからスタートしなければいけない。前の学年を責めてすむ問題ではありませんが、教師の方からどこかで切り捨ててしまっているのではないか、と思わざるを得ません。同和教育がそういう底辺の子どもたちに光を当てた教育実践の象徴だとすれば、いまは、それとは違った方向に進んでいるのではないか。これからも貧困と格差の連鎖が持続するのではないかと思われますから、もう一度、子ども観、教育観についての論議を深め、広げていくことの必要を強く感じています。

もうひとつは、教育現場が教師の力量形成の場になっていないということです。(中略)(教師は)いろいろな授業を見たり、教えてもらったり、自分から学べる態勢のなかで培っていき、徐々に力をつけながら一人前になっていくものだと思いますが、今の現場は、即戦力が求められる。民間企業とまったく同じ論理で、教育が考えられているという「理不尽さ」がまかり通っています。

具体的に言えば、子どもとうまく関係を結べないと「その先生の働きかけが悪い。教師に向いていないのではないか」などと、その人の素質・資質の問題にしてしまう風潮さえあります。辞めていく先生と話をしても、高い志を持って教師になったはずなのに、どんどん自信をなくして、「自分は教師に向いていないのではないか」と思い込まされて、辞めている先生も少なくないのではないかと思います。はっきり言って、みんな自分のことで精いっぱいの状態におかれているということになります。困難な状況でも、なかなか支え合うという関係にならない。若い先生は若い先生なりに「自信」を持って、やっていくんです。その指導が正しいかと言えば、決してそうではない。例えば、怒鳴りつける指導、力で抑えていく指導がその一つです。それも、「命や人権に関わるから子どもを叱りつける」のではなくて、少しでもみんなと外れた行動をする子どもがいれば、いきなり怒鳴る。教員が「キレる」という状態ですね。そうした教職員集団では、相互援助、相互批判どころではありません。「あの子にはこういう指導がふさわしいのではないか」と提言しても受け入れてもらえない状態がつくられてしまっています。語ろうとしない。特に低学力の子どもや問題行動のある子どもがいても、それをみんなの問題として出さない。出せば、それが自分の評価につながるとでも思っているのかもしれません。若い先生も、うまくいってなくてもヘルプを出さない。出さないのか、出せないのか、わかりませんが。

助野、山下先生の話で、これまで指摘してきた「カリキュラム・マネジメント」と称する「管理教育システム」のゆきつく先はより鮮明なものになってきたのではないでしょうか。

同時に、若い世代の先生については、山下先生の話からわかるように、「子ども観・教育観の違い」を気にかけながら、先生たちの実践をめぐる「環境・条件」の違いをあげています。多忙化もその一つですが、「カリキュラム・マネジメント」「管理教育システム」から「逃げ出す」ことも「拒否」することもできずに、ギリギリのところで踏ん張っていることがわかります。だからこそ、山下先生は「もう一度、子ども観、教育観についての論議を深め、広げていくことの必要を強く感じ」るのであり、「高い志を持って教師になったはずなのに、どんどん自信をなくして、『自分は教師に向いていないのではないか』と思い込まされて」いるのではないかとも語るのです。さらに、

河瀬小のときも、多忙だったし、子どもの困難な状況もありました。でも、そんななかでも家庭訪問を繰り返したり、教材研究、授業研究で議論を尽くすことが大事にされていました。やはり、学校が子どもを中心に動いていたと思います。目の前の子どものことを議論して、例えば低学力であればそれを克服し、授業に入れない子どもには「こんな教材を用意すれば授業に参加する」ということを、学年でも学級でも学校としても常に考えて、まさに「はじめに子どもありき」のなかで、教師集団も連帯していったと思います。それが本当の学校だし、教師集団のあり方だと学んできました。それが身についています……

と自分がどこでどのように教師の力量形成をしてきたのかをふり返り、あるべき学校と教育実践、つまり正常な教育、学校の姿を明確にしながら力を尽くしていかなければならないと語っているのです。

今日まで築き上げられてきた日本の民主教育の「破壊」は「させない」「許さない」力の存在が

どこにあるのかを教えてくれています。

OJTで教員統制

教師の力量形成にかかわっては、OJTをとりあげなければなりません。

教育基本法改悪をうけ、学校教育法も改悪されました(二〇〇八年度)。改悪後、学校には校長・教頭のほかに、副校長、主幹教諭、指導教諭という新たに中間管理職の教員をおけるようになりました。地域によってちがいがありますが一部の地域では主幹教諭や主任教諭(主幹教諭の補佐役)を配置し、新たな教員組織が生まれています。

新たな教員組織とは、校長 →副校長(教頭)→主幹教諭 →主任教諭 →教諭というピラミッド型の組織です。一般の教員が「主任教諭」と「教諭」に二分され、給与にも差をつけています。

ひとつの学校内に「経営層」=校長・副校長(教頭)と「管理層」=主幹教諭・指導教諭と「実践層」=教諭という三つの階層をつくり、トップダウンの教育実践を強制するというねらいのもとでつくられました。教育統制を貫徹させるための組織づくりです。

学校教育法施行規則「学校の組織体制の再編整備」では次のように説明しています。

(2)学校の組織体制の再編整備

1 校務分掌など校内組織の整備(略)

2 学校運営を支える機能の充実

学校組織については、校長、教頭以外は横に並んでいる、いわゆる「なべぶた」組織であると言われている。(中略)

主任制については、中央教育審議会の提言も踏まえながら、一層の定着が図られてきたところであり、全体としては概ね定着してきていると考えられる。特に教育指導面などにおいてその機能を果たしているという認識がある一方で、例えば校長の方針などを組織全体に伝達するには一人一人に説明することになるなど、校務運営面では必ずしも十分に機能していないという指摘もある。これに対し、東京都では担当する校務をつかさどる主幹を置いているが、これについては、担当する校務の責任ある処理が期待できるとともに、管理職と各職員のいわばパイプ役となってその意思疎通や理解に寄与するなどの効果が見られるという指摘もある。

これらを踏まえ、学校運営を支える機能の充実について検討する必要があると考えるものである。

さらに、学校組織においては、職員の横並びが指摘される一方で、横の連携が必ずしも十分に行われず、例えば、授業を他の教員に見せたがらない、指導方法について相談することを好まない、あるいは先輩が後輩を指導することが余りないなど、OJT(On t he Job Training)が十分に行われず、一人の職員の研修の成果が他の職員になかなか共有されないこともある。組織的な学校運営を支える在り方の一つとして、組織力の向上に資するよう職員間の連携を更に図ることも大切であると考える。(傍線 筆者)

勝手のいい論理で「学校組織体制の再編」へ誘導しています。ねらいはいうまでもなく、教員組織の階層化にあります。

この教員組織の階層化のねらいを象徴しているのが、主任教諭と同時に導入された教員のOJT(オン・ザ・ジョブ・トレーニング)です。

「先輩が後輩を指導することが余りない」などとさりげなくOJTの必要性を説きますが、「先輩が後輩を指導することが余りない」ような状態があるとすれば、それは、PDCAの導入や教員評価、それ故の多忙化等にあるのであって、断じて現場教員のせいではありません。子どもも親も先生も望んでもいない「教育改革」をすすめ、教職員集団を分断した結果が「先輩が後輩を指導すること」を困難にしているのです。山下先生が語る現場の実態をみれば、それは明白です。それに乗じて教員組織の階層化をすすめるために「先輩が後輩を指導することが余りない」などと「言いがかり」をつけ、持ち出してきたのがOJTです。これこそまさに「火事場泥棒」的政策以外のなにものでもありません。

「職場の上司や先輩が、部下や後輩に対し、仕事に必要な知識・技術・技能・態度などを意図的・計画的・継続的に指導し、全体的な業務処理能力や力量を育成する活動がOJT」だと現場に抵抗なく受け入れられるよう説明しているようですが、そのねらいは教員管理にあるのです。ごまかされてはなりません。

そもそもＯＪＴとは、第一次世界大戦勃発（一九一四～一九一八年）によって、当時五〇〇〇人の作業者が勤務していたアメリカの造船所にその一〇倍の造船所作業員の補充が必要となった時につくり出された手法です。

補充要員がいなかったため新人を訓練することになりましたが、その時代のアメリカ国内の職業訓練施設の能力では間に合いませんでした。

そこで、緊急要員訓練プログラム作成の責任者に任命されたチャールズ・R・アレンは、造船所の現場監督を指導者として造船所内の現場で、すべての訓練をすることを決めたのです。そして一九一七年、教育学者ヨハン・フリードリヒ・ヘルバルトの五段階教授法（予備、提示、比較、総括、応用）をもとにアレンが開発した具体的な職業指導法が、四段階職業指導法＝①「やって見せる」→②「説明する」→③「やらせてみる」→④「補修指導」でした。

要するに職場で業務を通して行う従業員の職能訓練教育がＯＪＴなのです。

モノをつくる企業で生み出された従業員育成・技能向上のための手法なのです。

それを「学校の組織体制の再編整備」として教育現場にもちこみ「押しつけ」たのです。

多忙化政策によって学校組織体制を破壊し、教員組織の階層化をすすめる一方で、「先生の間で授業研究会がうまくすすめられていない」「先輩が後輩を指導できていない」などと「いいがかり」をつけ、ＯＪＴが必要だというのです。これもとうてい理解も納得もできるものではありません。

文科省のいうＯＪＴとは、経営層の管理職が、実践層の個々の先生にどんな成長（職能訓練）が必要かを決めて、管理層の主幹教諭（指導教諭）にそのトレーニングを割り振るというシステムです。先生が望んでもいないトレーニングをマンツーマンでおこなっていけばどうなるでしょうか。教師の力量向上どころか、心身を病む教員を増やしていく危険があります。

山下先生は語っていました。

いくら忙しくとも必要だと判断したら家庭訪問を繰り返し、子どもと父母とともに一歩でも前進できるよう働きかけていく。授業に入れない子どもがいれば、教材研究や授業研究を通し、教師集団としてすべての子どもを大事にしていくことを身につけていく。こうしたことを学年でも学級でも学校として常に考えていく。これが、本当の学校だし、教師集団のあり方として学んできた、と。

先生と子ども、先生と父母、先生同士においても一人の人間として、主体性をもって接しあうことが教育という営みにおいては不可欠です。

教育がモノをつくるのと根本的に違うのは、働きかける者も人間、働きかけられる者も人間、つまり、「人間対人間」の営みであることです。

先生は自分にとってどんな力量が必要か、他人に言われるまでもなく、日常の教育実践から見出していきます。それができるから自ら学び、自ら研究もすすめます。そうやって力量を身につけていくのです。

さらに、教育実践は、子どもと先生、父母とともにつくりあげていくものです。誰かから一方的に「ああしろ、こうしろ」といわれてできるものではありません。先生は、子どもからも父母からも学んでいくし、支え合ってもいくのです。先生同士も同じです。

教育の専門家は、みんな対等でお互いが自由に何でも話し合え、教え合っていく関係を大事にします。大事にするから民主的な教職員集団をつくることができるのです。そうして、学校を、教育を豊かにしていってこそ専門家だといえるのです。

先生がＯＪＴによって指示されるままに授業や生活指導をすることになれば、教育の専門家ではなくなります。先生が子どもの前に立てば、教育の専門家として、否が応でも子どもと父母・保護者に直接責任を負うことになるのです。その専門家として責任を負えなくなるということになります。

近年の先生の息詰まるような苦しさの原因がここにあるのではないでしょうか。それらの多くを「多忙」として表現しているような気がします。もちろん、雑務など単純な多忙化があることを否定しませんが、精神的に追い詰められ不安を感じるのは、自分が子どもたちの成長のために生きる専門家としての先生であることに胸を張ることができないからではないかと思うのです。

管理教育システムについて考えてきました。まとめです。

権力者にとって都合のいい「効率」を求め、そのなかでさらに、権限を拡大するＮＰＭ

そのための管理に導入されるＰＤＣＡ

現場の隅々まで統制下におくためのＯＪＴ

横文字で、しかもいかにも新しい手法の導入が、「現状改善に貢献する」とそれらが示されたとき、それらは抵抗なく受け入れられていくのかもしれません。いや、受け入れざるを得ない状況になってから示されてくるのでなおやっかいな「曲者」です。

それらは、古き良きものの「壊し屋」だったのです。

いかに困難な状況にあってもすべてをネガティブなものとしてとらえるのでなく、そこへ追い込んでいるものの正体がわかり、それに対抗していく方策をもつことで希望をつなぐことができます。

先生は、子どもたちの成長のためにある、責任ある専門家であることに誇りをもって、連帯・団結できる仲間を増やしていくこと。それが、道理のない統制への大きな抵抗を生んでいくことになります。

「安保法制」をめぐり、若い世代をふくむ多くの国民が、生きづらい国民の暮らしの接点に「安保法制」があることを見抜きました。これこそひとつの物事からその内容を知り、考え、判断する人間の能力、すなわち知性の発揮です。

新自由主義に基づく「教育改革」がひとり教育に対してだけの政策でなく、医療、高齢者、福祉、労働、産業政策と連結・連動していることを縷々述べてきました。

それぞれの立場から、自分に関わる政策だけをみるのでなく、社会全体の改革構想の中にそれを一環として位置づけることがいかに大きな力を発揮させるか、その大切さを「知性の発揮」が教えてくれています。

先生も為政者・権力にとって都合のいい評価・規範にまどわされてはなりません。不要な自己規制をせずに社会参加、政治参加をしなければ、この大きな「流れ」から取り残されることになります。そうなれば、本物の教育を取りもどすことがおくれてしまいます。「管理社会」「管理教育」というシステムのなかに縛りつけられている自分を対象化し、その縛りから抜け出さなければなりません。本来もっている先生としての、いや、人間としての思いを「覚醒」させ、それを真正面に掲げて、教育という仕事に向き合っていかなければなりません。

子どもたちは首を長くして、それを待っているのです。

七　「教育改革」のほころび

教育改革における政治の最大の任務は、先生たちの誠実な実践と連携・協働がいっそう豊かに展開するために、教育予算の拡充、教育条件の整備充実を図ることにあります

それを脇に置き、やらなくてもいい「改革」、やれば教育全般に悪影響をともなう「改革」をすすめるような政治に教育を語る資格はありません

七　「教育改革」のほころび

新自由主義を基軸とする諸政策が、国民の抵抗力を奪う綿密な計画の下ですすむこと、そしてそれは、いかに反民主主義的であり残酷な人権侵害をつくり出しているのかをみてきました。それらは果たして成功しているのでしょうか。

教育についていえば、すでに「ほころび」が出はじめ、破綻しかけています。

金も人手もかけずに教育制度改革のみに邁進してきたのが為政者の「教育改革」です。教育制度を改革したからといって、教育改革は成功するものでもなく、完成するものでもありません。

教育を日常的に担っているのはほかならぬ学校現場の先生たちです。その先生たちの専門性に基づく誠実な実践とそれを支援し、連携・協働している教育委員会とそれを「監視」する地域住民と父母・保護者が一つの輪をつくり、力を発揮した時にこそそれは可能になるし、成功します。『育ち合う教育学―戦後日本教育の核心―』にある「山内中学校の実践」「座談会河瀬小学校の育ち合う教育実践の教職員集団」にみるとおりです。

金といえば、小泉首相は、内閣発足直後の国会の所信表明演説(二〇〇一年)で「米百俵」の故事を引用し、教育の充実を説きました。米百俵とは「百俵の米も、食えばたちまちなくなるが、教育にあてれば明日の一万、百万俵となる」と幕末から明治初期にかけて活躍した長岡藩の藩士小林虎三郎による教育にまつわる故事です。すばらしい故事を引用したと思いましたが、実際はどうだったかといえば、義務教育費国庫負担金を二分の一から三分の一に減らすという真逆の決定をした小泉首相でした。「国家百年の計は教育にあり」が聞いてあきれます。

日本の将来を担っていく子どもたちのために未来ある教育を展望して、すべての子どもが主権者として育っていく教育政策を樹立し、具体化される施策に投資する。だから、今は他の「公共事業」への投資は「我慢と忍耐を」というのが、本来の「米百俵」です。実際は、子どもと父母と教師を欺く言葉だけの「米百俵」だったのです。

小泉首相の決定（義務教育費国庫負担金を二分の一から三分の一に減額）を受けて諮問された中教審で、全国知事会や市長会などの代表委員は、義務教育費の一般財源化を主張しつづけ、自分たちに任せろと言い張りました。しかし、三分の一になって以来、地方交付金に組み入れられている義務教育費分を義務教育費として使っていない自治体が増えています。福祉予算などが増大し、それに流用しているといいますから小泉首相も自治体首長も無責任きわまりありません。

人手でいえば、少子化を理由に教員採用を極端に減らし、先生が不足すれば多数の臨時講師を採用し人件費を抑えました。やがて、その講師も全国的に足らない状態になり、たちまち必要な先生さえ見つからず、現場の管理職は四苦八苦する始末。年金支給年齢が六〇歳から六五歳まで順次繰り上げられるという年金法改悪に乗じて、六〇歳で定年退職する先生を「再雇用」するという「手」を考えました。年金が支給されないのでは生活も苦しくなる、と再雇用を希望する退職教員が増えると、現職時代の評価によって不採用とするケースをつくり、現職教員の管理に利用するという横暴も出てくる始末です。大阪府・市はその典型でした。「地公労」を目の敵にする前橋下市長は、組合活動家を再雇用しない、といわんばかりの再雇用人事を行った、と聞きます。その大阪府、教育への政治介入（橋下介入）のあまりのひどさは、先生をめざす大学生にも広がり、教員採用試験の受験者数が激減し、ますます先生不足となり、退職教員は無条件再雇用になります。今では、六五歳までとしていた年齢制限を五年以上、七〇歳代までも拡大しなければ、先生の確保ができない状態になっています。このような事態は、前橋下市長だけでなく、各府県教育委員会にとって「考え」が及ばなかったことだと思います。

退職教員再雇用は、先生たちが現職からつづいて教壇に立つことになります。その先生たちは少なくとも民主教育がいかなるものかを自分の身をもって体験しています。無茶な「改革」「改変」には従いません。現職時代のように評価など気にせず実践ができます。子どもたちにだけしっかり目を向け、実践をすすめればいいのです。これによって子どもたちは少しは救われているかもしれません。

ここまで書きすすめてきて、頭によぎるのは、「行革のあとは、やっぱり教育でしょうね。それが事実上憲法問題を処理することになる」(中曽根元首相『週刊現代』一九八一年八月二七日号)の言葉です。ただひたすらに新自由主義思想を「教科書」にした「言葉」だったことがわかります。この「教科書」に従いすすめられてきた政治戦略の「傷跡」はあまりにも大きく、深い、と言わざるを得ません。

しかし、「改革」の振り子は、三四年間抵抗してきた力がたまりにたまって、大きな「馬力」となって、今、本格的に逆に動き始めました。

ナオミ・クラインの『ショック・ドクトリン』には、「シカゴ学派が投資家の利益を代弁し、『大きな政府』や『福祉国家』をさかんに攻撃し、国家の役割は警察と契約強制のみであるべき、他はすべて民営化し市場の決定に委ねよと説いたが、そのような政策は有権者の大多数から拒絶され自国(アメリカ)で推進することができなかった」とありました。

いま、日本でも「有権者の大多数から拒絶」がはじまったのです。

教育についても、アメリカでの「教育改革」は「失敗」し、見直しがはじまっているといいます。『教育改革はアメリカの失敗を追いかける』(山本由美著 花伝社)は日本の「教育改革」の未来をみるうえで示唆的です。そこには「日本の教員免許更新制や成果主義給与の導入などは、アメリカの『教育改革』を追いかけてきた日本の教育政策」、そして、「日本においては、理論的にはやや古典的とも思われる教師と保護者の共同が、いまアメリカでは新自由主義教育改革に対する対抗軸となっている」とあります。アメリカの新自由主義教育改革の「見直し」の源に日本の教育があることを示唆しています。

さらに、日本の教育現場では当たり前になっている「授業公開と授業研究」においても、「一世紀以上の伝統をもち、教職の専門家文化を形成してきた。近年の教師教育改革において、この伝統は国際的な関心を集め、今では世界中の国々が『レッスン・スタディ』と称して日本の授業研究を導入している。」(『専門家として教師を育てる』佐藤　学著)と、世界中から「授業研究」が注目されています。その伝統ある授業研究は、「教育改革」がすすむなかで指定研究校が増やされ、指定(官制)の授業研究として形骸化されつつありますが、それでも世界中から学ぼうと研修や研究のために海外からの訪問が相次いでいるのは、教育現場でその伝統、つまり、子どもとともに学び、育ち合う教育実践を守りつづけてきた、専門家として誠実な実践をつづける先生がいるからです。『育ち合う教育学――戦後日本教育の核心　―』掲載の座談会に登場する先生をはじめ、形骸化へのブレーキをかけ続け、子どもたちと日本の民主教育を守りつづける先生がまだまだ数多くいるということです。

くり返しますが、先生たちの専門性に基づく誠実な実践とそれを支援し、連携・協働している教育委員会とそれを「監視」する地域住民と父母・保護者が一つの輪をつくり、力を発揮したときにこそ教育改革は可能になるし、成功するのです。そのうちのどれひとつがかけても成功はしません。

教育改革における政治(行政)の最大の任務は、先生たちの誠実な実践と連携・協働がいっそう豊かに展開するために、教育予算の拡充、教育条件の整備充実を図ることにあります。それを脇に置き、やらなくてもいい「改革」、やれば教育全般に悪影響をともなう「改革」をすすめるような政治（行政）に教育を語る資格はありません。

「改革」の振り子が逆への本格的な動きとなりつつあるいま、近い将来必ずやそれは証明されます。

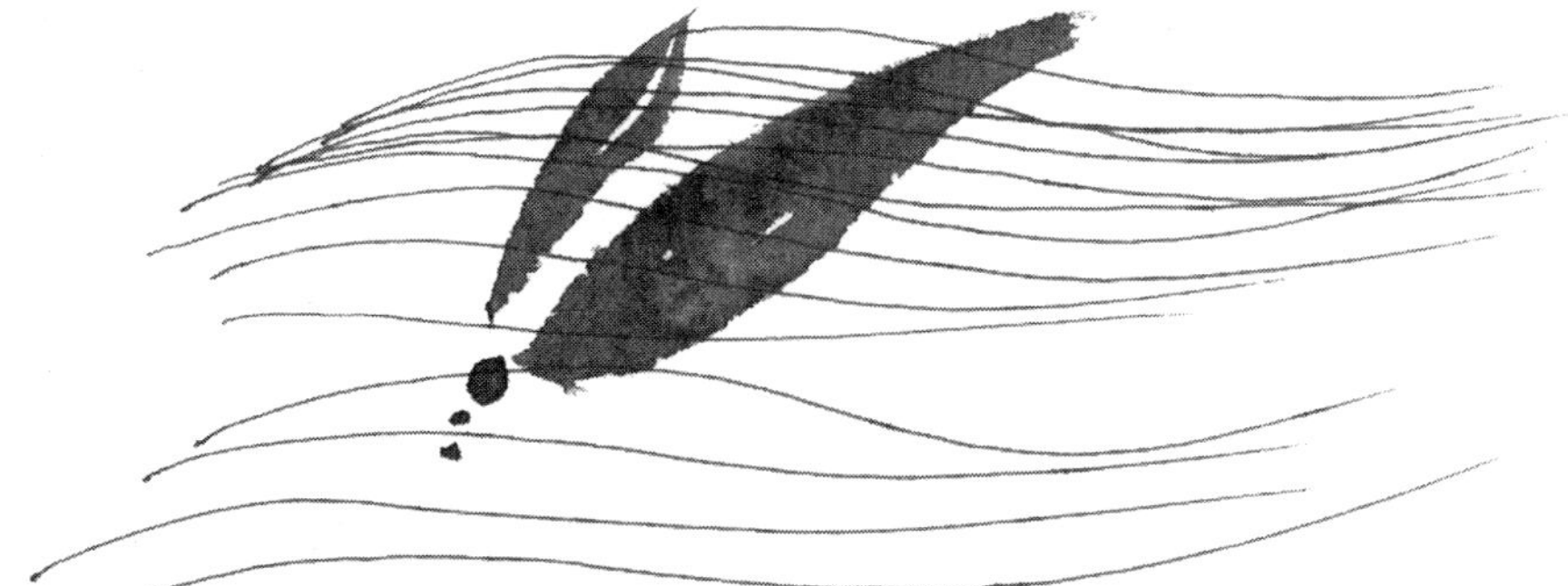

エピローグ

子どもの成長・発達を保障するのは大人の責務です
同時にそれは子どもの権利です

戦後日本の繁栄は、企業を発展させた人、
それに尽力してきた政治と政治家にあるのではありません……

エピローグ

ここまで書いてきた内容は、今の日本の教育がいかに絶望的な状況にあるかではなく、絶望的ななかでいかに希望をつないできたか、そして、その希望をさらに大きくふくらませていくにはどうすればいいのかを考えてきたつもりです。

戦後七〇年のおよそ半分に及ぶ教育への反動的な教育政策とどう向き合い、抗《あらが》い、民主教育を守ってきたのか＝子どもたちを守ってきたのか、それを基盤において書き進めてきました。

数年前まで多くの大人は、口をそろえて言いました。

「いじめ」は昔からある。いじめられる側にも問題がある。はねのけられない弱い子どもが育っている。

暴力に頼るしか自分を守れない子どもが増えてきている。学校と先生にも問題がある。

親が甘やかせているから不登校や登校拒否の子どもが出てくるのだ。等々と……。

ところが、その多くの大人は、いつまで経《た》っても解決しない「いじめ」問題や少年事件、学力テストに関わる報道の多さから話す内容が変わってきています。

学校から帰って塾通い。今の子どもはなぜそんなに勉強をしなければならないのか。自殺にまで追い込む「いじめ」はなぜ起こるのか、手を打っているはずなのにどうしてなくならないのか。

校内暴力、対教師暴力、学級崩壊というが、先生たちも大変だろうけど、子どもたちの思いをどのように受け止め、何をどうしているのか。

不登校・登校拒否が増える一方だが、どこに問題があるのか、どうして解決できないのか。理解できないような殺人事件を起こす子どもたちをどう考えればいいのか。

これだけ長年つづくさまざまな問題は個別の問題で済ますことはできないと考えはじめたのです。それら個別な問題の根本に目を向けはじめたのです。

それは、幼い子どもへの虐待事件、老人介護施設での虐待事件、老老介護に疲れた「無理心中」や「殺人事件」、医療費を払えず病気治療を途中で断念せざるを得ない高齢者、大卒の六割に及ぶ派遣社員、企業の容赦ないリストラ、上がらない給料等々、子どもの世界だけをみていてはみえない「モノ」がみえはじめ、その目で子どもの世界をみはじめたからです。

変化している多くの大人の疑問に先生はこたえることができるでしょうか。

それらの問題に真正面から向き合い、抱えている苦労と努力を語りながら「展望」を示し、その疑問に答えなければ、子どもと親の信頼を得ることはできません。

「お母さんがいなくなって、かなしくて、さびしい気持ちは半分くらい……」

「あとの半分は、お母さんがぼくをおいていってしまったことがかなしくて、さびしくて、くやしい……」

「ぼくのことをいつも見ていてくれた、ぼくのことを大事にしてくれたお母さんがいなくなったらぼくのいいところを誰にどうやってみせればいいの？」

「ぼくもお母さんのところへ行きたい……」

癌で母親を亡くした隼人君がやっと口にした言葉です。

お母さんの死は、発症後一ヶ月も経たないうちの出来事でした。隼人君四年生の時です。お母さんの告別式で隼人君は、はしゃぎまわり、周りの人を困惑させたそうです。

五年生になった隼人君は、授業中に立ち歩くなど授業に集中せず、周りの子どもたちへのいやがらせをくり返します。時には万引きもします。

隼人君は自分のしていることがどんなに悪いことかよくわかっています。やってはいけないことがわかっていながら、それをやらざるを得ない、やってしまうのです。

どんな「叱責」も「説教」も通じません。

隼人君は、どんなことをしてでも自分の存在するねうちを確かめたい、と思っているのです。

＊＊＊＊　　　＊＊＊＊　　　＊＊＊＊

そのことに気づいた時、先生は、授業中に立ち歩く隼人君の目を見ながら何も言わずに、自分の腕の中におき、授業を進めました。いやがらせをされた子どもに隼人君を腕の中において「ゴメンな……」とあやまりました。万引きをした店にも一緒にあやまりに行きました。何回もくりかえしました。この繰り返しのなか、一ヶ月経つか経たない時でした。その日も悪ふざけをする隼人君が腕の中にいました。「ん？」。自分から先生を強い力で抱きしめ、耳元でささやいたのです。

「お母さんがいなくなって……

………………

「ぼくもお母さんのところへ行きたい……」

腕に力を入れ直し、「うん、うん。」とうなずいている先生でした。隼人君の目から涙が止めどなく流れつづけました。

その後もしばらくは腕の中にいる隼人君でしたが、自分を丸ごと受け止め、受け容れてくれる仲間を見出すなかで現実を受け入れることができるようになっていきます。徐々に隼人君の「人間力」は回復し、落ち着いた生活をとりもどすことができました。

ありのままの自分を丸ごと受け止め、受け容れてくれる人、最も身近にいる両親や先生や友だち・仲間の存在がなければ、生きる意欲ももてないのは大人も子どもも同じです。ましてや子どもは、そのことをどう表現していいのかわかりません。隼人君の小さな胸は悲しみ、寂しさだけでなく生きることさえ耐えられないほどのつらさではち切れんばかりだったのです。

子どもたち一人ひとりの生活をしっかりと見守り、子どもたち一人ひとりの存在価値を認め、それを子どもたちにしっかり伝えていける、そんな先生をめざしたいと思います。


満君を担任したのは、五年生の時でした。

満君はひらがなの読み書きがやっと、かけ算の九九が半分も言えないという程度の学力しかつけられていません。

低学力の子どもが共通にあらわす「ルール無視」「粗暴な行為」が顕著な満君でした。

私は、「荒れる」満君の姿のなかに「人権が無視されてきた結果」をみる思いでした。

無論、先生の側からすれば、満君のそうした状況を放置したのではなく、これまでできる限りの手だてを尽くしてきたにはちがいありません。が、満君の側からとらえれば、人権無視といわずに何というのか、これが私の満君に対する基本的な認識、構えでした。

「無視された満の人権」とはおだやかならぬ表現ではないか、といわれそうですが、事実は事実としてとらえなければなりません。満君の学力を取りもどすことが満君の人権を守っていくことだと考えました。

満君の学力回復へのとりくみの第一歩は、満君自身と周りの子どもたちの生活のあり方の見直しからはじめました。満君がおかれている生活の中で、満君が自ら学ぶ意欲と態度をどうつくり出すのかが先決だと考えたからです。

しかし、考えたからといって、そんなに簡単なことではありません。「粗暴な行為」や「ルール無視」を続ける満君への周りの子どもたちの対応は、異常なものでした。

満君の行動のすべてに対し、「特別視」だったのです。そうすることによって奇妙なバランスを保ち、表面だけの平和で満足している集団でした。

私にはその状態が無性に腹だたしく腹の底から怒りがこみあげてきました。もちろん、満君以外の子どもたちの姿。つまり、集団の姿勢にです。

「満君のどこが、どんなにみんなとちがうのか？」

と、問いかけていくと、子どもたちはぼそぼそと答えます。

「暴れる（暴力をふるう）から。」

「きまりを守らないから……」

と。

ますます腹がたち、怒りが爆発しました。

先生は感情的な怒りを子どもたちにストレートにぶつけてはならないことはよくわかっていますが、一人の人間として絶対ゆるしておけないことには本気で、ど真剣に怒るべきです。そして、子どもたちに、「これは大変なことなのだ。」と、わからせることは、周りの大人の責務だと思います。これは演技でもなく、説教するためのものでもありません。つまり、先生対子ども、という関係でなく、人間対人間の真剣なぶつかりあいの場面です。だから私は、腹の底からこみあげてくる怒りを抑えずに、子どもたちにぶつけました。

「だから、同じ人間だと思っていない、ということなのか！」

と。そして、

「そういうみんなは、いつもきまりを守っているのか、絶対に暴れたことはないといえるのか？」

　子どもたちの表情が変わります。すかさず、

「たった一人のことであっても同じクラスの同じ仲間として、同じ人間として認め合えないようなことが、そのままにされていけば、きっといつかはどこかで自分を粗末にしてしまうことになる。どんな仲間であっても自分たちの仲間として大切にしていくことは、その人を大切にしていくという意味だけでなく自分自身を大切にしていくという意味があるのだ。」

と、まくしたてる私でした……。

　集団が変われば、集団を構成する個々の子どもの意識や態度や行動は変わります。

　満君の意識や態度・行動よりも周りの子どもの方が、著しい変化をみせ、満君へのいくつもの具体的な働きかけとしてあらわれてきます。このように集団が変わっていく中で、やっと満君の意識に変化がみられるようになります。

「こいつら（学級の子どもたち）は、本気でオレのことを考えてくれている……」

と実感した時です。

満君のような子どもは、うわべだけの言葉や行動に対しては非常に敏感で、理屈ぬきで肌に感じたことしか信じません。ですからここは、私も周りの子どもたちも真剣勝負で臨んでいくことになります。

しかし、満君の意識に変化が見え出したからといってすぐに、態度や行動が改まるものではありません。満君が同じ五年生同士の仲間として、みんなと同じように、考えていること、自分の思いを周りの者に理解してもらえるよう、「自分を表現できるように」ならなければなりません。それができる力、すなわち学力が回復されなければ望むべくもないことなのです。

その時期に達したのを見届けて、このことに気づかせていく働きかけをします。

真正面から受け止める周りの子どもたちでした。

満君の学力回復のとりくみが、私だけの力でなく、学級の子どもたちの力を結集して本格的にはじまります。満君が集団にしっかりと位置づきはじめる時であり、満君が自ら学ぶ意欲と態度をつくり出す土台ができた時でもあります。

もちろんこのとりくみは、満君のためのものですが、決して満君だけのためのものではありません。周りの子どもたち一人ひとりが我が事としてとりくむのです。

学力形成が人権認識＝人間の尊厳を身につけること＝形成にとって必要不可欠なものであることを「実物教育」していく過程でもあります。くわしくは、拙著『人間になるんだ上巻』をご覧ください。

本物の教育は、どんな否定的な事象をみせる子どもでも切り捨てたり、排除したりはしません。そうした子どもにこそ「光」をあて、活躍させていくのが先生の仕事です。子どもと一緒に学び合い、育ち合っていける先生こそ本物です。

子どもの成長・発達を保障するのは大人の責務です。同時にそれは子どもの権利です。

この原点をもう一度ふまえつつ、激変する日本社会にあっても、まだまだできることはあります。豊かな「財産」をもっている日本の教育なのですから。

＊＊＊＊　　＊＊＊＊　　＊＊＊＊

日本国憲法の三原則「国民主権、基本的人権の尊重、平和主義」は誰もが当たり前と思ってきました。しかし、国民の多くが、その大原則が揺らぎ「独裁、差別・抑圧、戦争」の時代が蘇るとともに生きづらい自分たちの暮らしの接点に安倍政権の「安全保障関連法」があることを見抜きました。

これこそが、ひとつの物事からその内容を知り、考え、判断する人間の能力、すなわち知性の発揮以外の何物でもありません。

戦後連綿とつづいてきた民主教育への攻撃のもと、「愚民政策」としかいえないような「教育改革」を実施してきた政権政党にとっては、集会やデモの規模はもとより思惑通りに「育ってこなかった若者」の姿が衝撃になっているに違いありません。

どんな時代においても困難、苦難に立ち向かい「主権者を育てる教育」の営みに力を尽くしてきた日本の先生であれば、憲法や民主主義の理念が国民のなかに、特に若者にしっかりと根を張り、成熟しつつあることに大きな期待と希望を持ったに違いありません。「敗北」を感じながら悔しい思いで退職した先生も胸をなで下ろしていることでしょう。日本の先生の誠実な実践がこういう形で実を結んだのです。

「裸の王様」と揶揄《やゆ》される権力の知性なき「反撃」はいっそう強まるでしょう。しかし、「憲法より安全・安心」というかと思えば「安全・安心より原発再稼働」と国民からの批判や反対を受け入れられない、まさに、真実がみえなくなっている権力者なのです。透けてみえるのは新自由主義の下で「民主主義より資本主義・国家主義」という「魔界」です。

この二〇数年間、新自由主義という「魔物」は、国民の日常生活、教育、福祉、社会保障、人権の水準を一挙に切り下げました。特にこの一〇数年間は急激に変化しました。

新自由主義国家とは、国民ときには国家をも「飲み込んでしまう」魔物であり、それは世界的な規模の力をもつシステムなのです。そして、日本の権力者がそのシステムを「活用」しているのです。多くの国民は、自らの生存権保障のしくみが大きくこわされた現実のなかで気づきはじめました。

安倍首相がめざす「戦後レジームからの脱却」とは、「自主憲法制定」「対等な日米関係」「教育改革」の三つにあるようです。そうだとすれば、まだ「道半ば」です。今後ますます「専制首相」による官邸主導の政治をつづけなければ実現しないでしょう。

このことに多くの国民が気づきはじめています。それを察知しているが故に、アベチャンネルは、「大企業・財界が日本の国を引っ張り廻していること」「国民を侮辱しつづけている日本の政権与党のこと」の「隠蔽」に「協力」させられています。公正で正確な報道がなされていません。民放でそれをやるとスポンサーからクレームがつけられ、「自粛」に追い込まれます。それでも「間違いは間違い」「おかしいことはおかしい」と知恵をしぼり、工夫する報道記者や報道キャスターもたくさんいます。私たちは、しっかり選びとれる受け手になる必要があります。

「大企業が儲かれば、いずれ家計に回る……」とトリクルダウンを主張する安倍首相。

「総理は、労働組合がやるような「賃上げ」を企業に要望している……」と菅官房長官。

「企業が内部留保をそのままにして、それを何に使うのか？もっと賃金を上げるとか設備投資をして、それをいかさなければ企業が企業でなくなる……」とは麻生財務大臣。

こんな発言の映像が流れます。「まともなことを言っているではないか」と受け止めるのか、その発言の真意をよめるのかが問われます。

彼らは、企業の内部留保が「リーマンショック」のような事態に備えていることなど先刻承知のはずです。では、なぜこのようなことを公言するのか？

安保法制成立前からの「知性」の大きな「うねり」が今もおさまらないからです。「ここまで、あなた方、大企業・財界のいうことに忠実に従ってきたではないか。ここらで少し『さじ加減』をしないと、政権が危うくなる……」

私にはそのように聞こえてくるのです。

＊＊＊＊　　＊＊＊＊　　＊＊＊＊

今（二〇一五年一〇月〜）どのチャンネルでも話題になっている「マイナンバー制度」。

元々この番号制度（マイナンバー制度）を強力に推進したのは財界でした。経団連が番号制度を最初に提唱したのは一九九六年。以後、導入の提言をくり返してきたのです。導入が決まり、システムづくりの事業がはじまったのが二〇一四年です。その中核事業と言われている「情報ネットワークシステム」は一〇〇億円を超える巨額事業です。その事業を随意契約したのは、NTTコミュニケーションズを代表とする日立製作所、富士通、NEC、NTTデータが組んだ五社連合グループです。市場規模は官民合計で一兆円以上になるそうです。（『週刊東洋経済』二〇一五年一〇月三日号「いよいよくるぞマイナンバー」）

誰も望んでいない番号制度を導入し、番号通知前から詐欺事件が発生するなどトラブル続きです。国民にとってプライバシー侵害の問題があるだけでなんのメリットもない迷惑千万の制度です。これに公共事業として私たちの血税が使われるのだからたまったものではありません。巨額な無駄遣いです。まさに、日本国中を引っ張り廻し、混乱を引き起こす財界であり、それを否応なく国民に押しつけているのが政権与党なのです。

ことほどさようにすすんできた、すすんでいる政・官・財・＋《プラス》「軍」癒着の構図があるのです。ですから「経済は一流、政治は二流」などと海外メディアから揶揄される日本があるのでしょう。

あげればきりがありませんが、もう一つ。

今(二〇一五年一二月)政権与党自民党と公明党が二〇一七年四月から消費税増税時の「軽減税率」の対象について調整(談合)する様子が連日報道されています。生鮮食品だけ、加工食品も含めて、はたまた外食も含めてと、日替わりに変化しています。そして、報道される数字は「財政負担額」(財源確保)です。

「生鮮食品だけだと四〇〇〇億円、加工食品を含めると一兆円。外食まで広げれば一兆三〇〇〇億円の『財政負担』だ」と。

「じゃあ、財政負担の少ない方でいいんじゃないか……でないと、消費税増税の目的である社会保障が充分できなくなるのでは……」という方向に国民を誘導します。

しかし、その社会保障の医療、年金、介護、生活保護はすでに全部切り捨て状態にあるのです。消費税は、下がりつづける法人税減収の穴埋めに使われています。社会保障以外のところに使われているのです。その実態を国民が知る前に政権与党は「消費税を増税しても食品については これまで通り八%に据え置いて、国民の生活を守ります」と、やたら軽減だけを大きく宣伝しているのです。軽減分の一兆円で国民受けをよくしようという策略です。自民党と公明党の「出来レース」です。

消費税が二%上がれば、五兆四〇〇〇億円もの税増収(財源確保)になります。その額を国民が負担するのです。一兆円を軽減したとしても四兆四〇〇〇億円の税増収です。一家族四万円以上の増税です。

軽減の一兆円を「餌」に四兆四〇〇〇億円を巻きあげるという、狡猾《こうかつ》な「欺瞞」のパフォーマンスは、「詐欺」行為としかいいようがありません。

「景気条項」を外し、先送りされた消費税増税は、二〇一七年四月から何が何でも一〇%なのでしょうが景気、庶民の暮らし、わけても低所得者の暮らしについてどれほどのことを考えているのでしょう。子どもの貧困率、高齢者の暮らし、低賃金労働等々がより深刻な事態になるに違いありません。それを脇に置いて、「軽減税率の談合」だけを宣伝する与党、そして、それをそのまま伝えるマスメディアです。政権もマスメディアもどこまで国民を馬鹿にするのか業《ごう》腹《はら》極まる思いです。

国民が望んでもいないマイナンバー制度に巨額な血税の無駄遣い。消費税は増税するが、大企業の法人税は減税。軍事費も五兆円を超えるというではありませんか。いったい誰のための政治を進めているのか、この事実をありのままに、わかりやすく国民に伝えるのがマスメディアの責任だと思うのですが……。

こういう人たちに教育や子どもたちの未来を語る資格はありません。

子どもに未来を語る先生は欺されません。欺されてはなりません。

こういうことを決めている人、大企業・財界人とそれに追随する政治家たちと私たちの違いははっきりしています。

戦後日本の繁栄は、企業を発展させた人、それに尽力してきた政治と政治家にあるのではありません。

企業を含め、生産を高めるために懸命に働いてきた人にあるのです。

そして、働く人の側に立ち、働く人の様々な権利を拡大してきた労働者・政治家等の集団の力にあるのです。

子どもの未来をつくり出す役割を担う先生ならいかなる時も忘れてはならない考え方の基本です。「感覚マヒ」を起こさない「思想基盤」です。

後書

子どもの側に立ち
子どもの身になりきって
日常の教育実践を貫くパワー
それこそが、先生が先生になったパワーなのです本書を書こうと思い立ったのは、「元気」を失っていく先生たちがどんどん増えていく現実が大きなきっかけでした。

その裏側には、人間の価値観を変えるような日本社会の激変がありました。この変化は、地域を変え、親のくらしを変えました。そして、当然のこととして、子どものくらしを変え、先生たちの努力に勝る力として、子どもたちの健やかな成長・発達を阻んでいきました。

先生たちの願いを実現することは、ますます困難な状況になってきています。ますます先生たちは元気をなくしていきます。

けれども、手をこまねいているわけにはいきません。歪んだ教育政策は、きょうも子どもたちに覆いかぶさってきているのです。歪んだ教育政策から子どもたちを守ることができるのは日常的に子どもたちに接している先生と父母です。

先生は「みんなの力とチエを合わせれば、やれないことはない！」と、子どもを励まし、支え、行動させます。先生がみんなの力とチエをよせあって、この困難な状況をなんとしても克服しなければ、子どもたちに「嘘」をついていることになります。

元気を失う先生を見れば見るほど、こうした思いがいっそうふくらみます。

各項目で展開した内容は、「教育改革」の真相に迫るためのものです。どこの何がおかしいのか、そして、その歪んだ政策のおおもとを可能な限り明らかにしたつもりです。

視野が広がれば、ものの見え方、考え方も変わるはずです。

学校現場の混乱は、今後もしばらくつづくと思われますが、私たちにはまだまだ、誤った教育政策を正すパワーは充分に残っています。

子どもの側に立ち、子どもの身になりきって、日常の教育実践を貫くパワー、それこそが、先生が先生になったパワーなのです。管理システムのなかで、それが抑え込まれ、眠らされているのです。己のなかに眠っているパワーを覚醒させれば、失っている元気は必ずとりもどせます。

元気な先生は、元気な子どもたちを育てます。

子どもたちは、待ち望んでいるのです。難問であっても勇猛果敢にそれに立ち向かっていく元気な先生を。

本書が完成するまでに多くの人に助けられました。「育ち合う教育学研究室」研究員の皆さんには大きな支援と協力をいただきました。研究室顧問の東上高志先生からは終始励ましの言葉をいただきました。

みなさんに改めてお礼申し上げます。

最後まで読んでいただいた方々にも、心より感謝いたします。

河瀬　哲也

資料　日本教育史概観

資料　日本教育史概観

＊本書を書き上げるために最初につくった資料です。どうぞご活用ください。＊

教育に歴史的転換をつくり出した臨時教育審議会（臨教審）

なぜ今日の異常教育がつくり出されたのか。その出発点は一九八四年八月に設置された臨時教育審議会（臨教審）にある。

臨教審が設置される前までは国の教育政策は中央教育審議会（中教審）で検討され提案、実施されてきた。中教審は文部科学大臣の諮問機関で、審議会の委員は教育の専門家を選んで構成するという基本があった。その中教審では自分の考える教育政策が実施できないと考えたのが中曽根康弘元首相である。中曽根首相は、内閣総理大臣の諮問機関として臨教審を設置し、政治主導の「教育改革」に手をつけたのである。臨教審の委員は、当然首相や官邸の意向を重視して選ばれる。首相のブレーン（頭脳）や側近といわれるような人たち、例えば「世界を考える京都座会」のメンバーとか、後に「新しい歴史教科書をつくる会」の副会長になった人物とか、確信的な自由化論者であるとか、明らかに特定の思想傾向をもった人で構成された。その臨教審で策定された教育政策は、一応は中教審に提案され検討されるが、教育の専門家集団であっても文科相の諮問機関ゆえ首相の意に反する「答申」は出せない、出さない、という構図のなかで教育政策が決定されていくことになる。ただし、臨教審は、臨時教育審議会設置法という法律に基づいて設置されていた。その法律の目的には「教育基本法にのっとり」と明記されていたために臨教審設置を主導した中曽根首相の意に反して、教育基本法を変えることには踏み込めなかった。

当時の臨教審での審議を象徴する内容として、第一部会と第三部会の対立がある。

臨教審の内部では、「教育の自由化」を主張する第一部会と、それに強く反発する第三部会の対立がみられた。「教育の自由化」論者の代表的人物としては香山健一委員（学習院大学教授）が「学習塾の私立学校としての認可」などを主張した。「教育の自由化」には文部省や自民党の文教族も反対し、第一部会と第三部会の論争は、規制緩和を進める中曽根首相と文部省・文教族との代理戦争の様相を呈した。結局、答申には「教育の自由化」は全面に登場することはなかったが、折衷案として「個性の重視・育成」がスローガンに掲げられ、「教育の個性化」が提案された。

それが、この後の新自由主義・市場主義　―特定の思想的立場―　から「教育改革」をすすめる手法の端緒になったことは確かである。

今一つ、臨教審設置にいたる前に財界から教育改革への提言や要望が矢継ぎ早に出されていることも見落としてはならない。例えば、関西経済同友会から「教育改革への提言」（一九七九年）として「創造的能力形成・国際教育の重視」を発表、同年、経済同友会は「多様化への挑戦」として学校の多様化による個性化を鋭く提言している。これらを受けて臨教審では審議がすすめられたことになる。

財界からの提言、要求は「教育改革」の前に「行財政改革」にあったことも忘れてはならない。学級定数等今日までつづいている教育予算に深く関わる「改革」が当時から現在までつづいていることになる。当時、中曽根首相は語っている。「行革のあとは、やっぱり教育でしょうね。それが事実上憲法問題を処理することになる」（『週刊現代』一九八一年八月二七日号）

さらに、臨教審による官邸主導・政治主導の教育政策立案という新しい流れは、それまでの「文部省（教育行政）」対「日本教職員組合（日教組）」という二項対立的枠組みの関係構図を大きく変えていくことになった。

日本の教育と日本教職員組合（日教組）と全日本教職員組合（全教）

日本教職員組合（日教組）が結成されたのは教育基本法が公布された一九四七年三月の三ヶ

月後である。日本を占領下に置いた連合国軍最高司令官総司令部（ＳＣＡＰ）は、「民主化の一環」として一九四五年一二月に教員組合の結成を指令した。すでにあった教職員組合を一本化して、一九四七年六月に奈良県高市郡（現在の橿原市）橿原神宮外苑で日本教職員組合の結成大会が開かれた。大会では、日教組の地位確立と教育の民主化、民主主義教育の推進を目指す、と定めた三つの綱領を採択し、六・三制完全実施・教育復興に向けての取り組みを開始するとした。

一九五〇年六月に北朝鮮が韓国に突如侵攻したことで朝鮮戦争が勃発し、連合国軍最高司令官のマッカーサーは警察予備隊（現自衛隊）の創設を指令、再軍備に道を開き、日本を「反共の砦」と位置づけた。また日本政府も連合国軍による占領終了に伴う主権回復を前にして、「日の丸」「君が代」「道徳教育」復活など戦前への「逆コース」といわれる教育政策を志向し始めた。

戦後教育の見直しや再軍備への動きの中で、日教組は、一九五一年一月に開いた中央委員会で、スローガン「教え子を再び戦場に送るな、青年よ再び銃を取るな」を採択し、文部省の方針に対立する運動を開始した。また、一九五一年一一月、栃木県日光市で第一回全国教育研究大会（教育研究全国集会＝全国教研の前身）を開き、毎年一回の教育研究集会を開催、現在に至っている。

教育現場にある教職員のほとんどが日教組に加入した。戦後はじまった新しい日本教育の推進力でもあった。新憲法と教育基本法に基づく教育の開始となり、現場教職員の力が発揮され文字通り日本の民主教育がすすんでいくことになる。日教組の運動方針や教育方針が大きな力として働いていく過程でもある。

一方、政治の世界は、敗戦後、ＧＨＱ（総司令部）の占領下においてＧＨＱ指令により、日本社会党や日本共産党等が合法化される一方、同時に保守政党が乱立する事態が発生する。一九五一年（昭和二六年）に日本社会党が、講和条約と日米安全保障条約（安保）に対する態度の違いから、右派社会党・左派社会党に分裂したが、保守政権による「逆コース」や改憲に対抗するために、「護憲と反安保」を掲げ、一九五五年（昭和三〇年）に社会党再統一が行われた。この日本社会党の統一に危機感をもった財界からの要請で、それまで存在した日本民主党と自由党が保守合同して自由民主党が誕生し、保守政党が第一政党となった。こうして「改憲・保守・安保護持」を掲げる自由民主党と、「護憲・革新・反安保」を掲げる日本社会党の二大政党体制いわゆる「五五年体制」が誕生する。

誕生した自由民主党は押し付け憲法論を主張、自主憲法制定を党是に定めた。

この流れをみれば分かるように、「財界からの要請で」「自由民主党が誕生し、保守政党が第一政党」として政治が進むわけだから文部行政と日本教職員組合の対立的枠組みの関係構図で進む日本の教育に財界が教育に口出しをしないわけがない。

「新時代の要請に対応する技術教育に関する意見」（日経連）を発表したのが、歴史に残る「地域に根ざす教育」を転換する「公選制教育委員会」を廃止し「任命制教育委員会」にした地方教育行政法が強行採決（参議院で警官五〇〇人が動員され強行採決）された年、一九五六年（昭和三一年）である。次の年一九五七年には「科学技術教育振興に関する意見」（日経連）が発表。翌一九五八年には「科学技術積極化」を要望するとともに、ついに「日教組対策」を要望。一九六〇年には経済同友会が「産学協同」を発表。関西経済連合会「大学制度改善について」意見書提出。それら「意見」「要望」は、その後の「科学技術教育振興方策」「産学協同システム工学部創設」「大学管理制度改革」等々、政策として次から次へと決定され、実施に移されていくことになる。

財界にとり文部行政と対立する日教組は「目の上のこぶ」である。日経連から出された要望「日教組対策」（一九五八年）に従い、日教組への攻勢が開始されることになる。

攻撃を受けながらも、日教組は「教師の倫理綱領」を定めて新しい教員の姿を模索する一方、文部大臣（現文部科学大臣）と団体交渉を行ってきた。

「教育の国家統制」や「能力主義教育政策」に反対する立場をとり、一九五六年における教育委員会が住民による公選制から首長による任命制に移行することへの反対、一九五八年における教員の勤務評定を実施することへの反対、一九六一年における日本の全国統一学力テスト実施への反対、一九六五年における「歴史教科書問題」をめぐる裁判（家永教科書裁判）の支援などを行った。

また、同じく「教育の国家統制」に反対する立場から一九五〇年以降、国旗掲揚と国歌斉唱の強制に対して反対している。

国政においては、日教組の政治組織である日本民主教育政治連盟（日政連）は、一九五六年の総選挙で日本社会党などから推薦候補二〇人（うち、日教組組織内候補一三人）を当選させ、一九五六年の参院選では一〇人を当選させた。

一九七四年の春闘では、本部委員長をはじめ二一人が逮捕され、一二都道府県一三組合九九九か所が捜索を受けた。この事件を前後して教師のストライキ実施について、日教組内で対立をもたらした。また一九八〇年代末の労働戦線統一の論議においても組織内が分裂し、除名問題が起きた。このことから八九年一一月、全日本教職員組合協議会（一九九一年以降全日本教職員組合「全教」）などが結成されるなど、日本教職員組合（日教組）を構成していた多くの組合員や一部の単位労働組合（単組）が脱退した。

一九九四年には、日本社会党の路線変更に伴い、それまで社会党を支持していた日本教職員組合（日教組）も方針を変更し、一九九五年、自・社・さ連立政権（村山内閣）の誕生により、長年対立関係にあった文部省と協調路線に転換。

さらに、一九九六年、文部省の中教審の委員に日教組関係者が起用され、「ゆとり」を重視した学習指導要領（二〇〇二年度）が導入された。

日本教職員組合（日教組）がこれまでに取り組んできた「自主的なカリキュラムの編成」運動における「総合学習」の考え方に近いといえる「総合的な学習の時間」が新設された。

二〇〇七年、安倍内閣でゆとり教育の見直しが着手されはじめたが、日教組は、「ゆとり教育を推進すべき」という考えを変えていない。

時代の変化とともに対立から協調へと変化しており、特に二〇世紀末から二一世紀始めにかけては、日本教職員組合（日教組）と文部科学省との長期の対立に終止符が打たれた。

前記、全日本教職員組合（全教）については、一九八〇年代後半、日本教職員組合（日教組）が日本労働組合総連合会（連合）への加盟の是非をめぐり、三つどもえの対立（いずれも日教組内の三分の一の勢力を持っていた）が激化したことにはじまる。

・加盟に賛成していた主流右派
・加盟に消極的な主流左派
・強硬に反対していた反主流派

結果、主流左派の妥協により、連合加盟が確実となった一九八九年九月の定期大会を反主流派のほとんどが欠席したことで分裂は決定的なものになった。

反主流派の大半は日本教職員組合（日教組）から脱退して全日本教職員組合協議会（全教）を結成し、全労連に加盟した。

一九九一年三月、全日本教職員組合協議会・全日本教職員組合は同じく全労連加盟組合だった日高教一橋派と組織統合し、新組織全日本教職員組合（全教）を結成した。《以上、日本教育史年表（三省堂一九九〇年刊）『講座　日本の教育』全一一巻（新日本出版社一九七五年刊）をもとに構成編集》

日教組といえば、今も国会で取り上げられ話題になる。つい最近では、二〇一五年二月、衆院予算委員会で、民主党の玉木雄一郎議員(民主党)が政治献金について質問している最中に安倍首相が「日教組はどうするんだよ」と、突然のヤジ。委員長が「総理はもっと静かに」と注意をする場面も。(ちなみに玉木議員は日教組出身議員ではない)全くおそまつきわまりないヤジであるが、国会で取り上げられる日教組関係の話題は、どれも時代錯誤で現状認識のなさから滑稽でさえある。

しかし、一般的にはそれらの話を「鵜呑み」にする人は少なくない。日教組運動の真意が国民に届かなくなるほどその時々の権力者が日教組を攻撃してきたからである。同じ教育現場で実践をすすめる仲間を分裂させ、混乱が生じるような狡猾な攻撃、保護者へのデマ宣伝も激しい時期があった。それは、私自身が経験していることでもある。

私が教育現場にいた一九七〇年代から八〇年代のこと。職場には二つの教職員労働組合があった。一つは私が属する日教組。もう一つは当時「第二組合」といわれていた日本教職員団体連合会(日教連)である。日教連は一九五七年、日教組脱退教員の「受け皿」団体として結成されていた。当時の日教組は、前述したように、一九五〇年以降、「教育の国家統制」に反対する立場から国旗掲揚と国歌斉唱の強制や「能力主義教育政策」に反対、一九五八年、教員の勤務評定を実施することへの反対、一九六一年、日本の全国統一学力テスト実施への反対、と「教育は国民のもの」を貫く教育実践と教育運動を続けていた。権力は日教組に加入する組合員を国の政策に反対する「不逞《ふてい》の輩《やから》」、「危険な思想の持ち主（多くは共産党員というレッテル貼り）」である、と攻撃、デマ宣伝を繰り広げるとともに全国各地の教員に日教組脱退の干渉を繰り広げた。職場の管理職、教育委員会、地域の有力者（ボス）たちが個別攻撃までして脱退する教員を増やしていった。その脱退した教員を組織したのが日本教職員団体連合会（日教連）である。「国の教育政策に反対しない」というその成り立ちからもそこに属する組合員の実際の行動からも私たちはその組合を「御用組合」と呼んだ。私が勤務した滋賀県彦根市は県内でも日教連有数の組織率を誇っていた。管理職に昇任するほとんどの教員が日教連加入者だった。ゆえに管理職への近道として加入していく教員も少なくなかった。不幸なことに同じ職場に日教組加入教員、日教連加入教員、どちらにも属さない教員ができ、教職員集団としての連帯と団結を弱めた。教職員が三〇人を越える職場で日教組組合員は私一人だけという時期もあった。

　そうした時期においても私は、教職員は、教育の専門職であるとともに労働者としての権利を主張し、そのための運動も大事にした。同等に教育専門職として「どの子も生き生き学べる」日常の教育実践に力を込めた。民間教育研究団体から多くのことを学び実践を誠実につづけた。「よき組合員はよき実践者」であることを自分に言い聞かせていた。

　おもしろいことに私の実践に共感、支持、協力、協働が広がっていったのは職場の同僚より、父母、保護者の方が早かった。二、三年もすればその輪は大きく広がっていった。「生き生きと学ぶ」子どもたちの力が働くのだ。同僚からの「視線」も変化し、協働の教育実践に取り組めるようになっていく。結果として日教組組合員が増えていった。

その時期のエピソードである。そのとき勤務する学校のPTA会長がしみじみと私に言った。「(地域の)お母ちゃんたちの先生への人気がすごい。先生の力はたいしたものや。二年も経たないうちにたくさんの支持者をつくった。私もそういう先生が大好きや。ひとつだけ気に入らんことがある。先生が日教組の組合員であることや……。」

この会長は、まもなく県会議員になり、つい最近までその職にあった人物である。

前述の「勤評闘争」や「学テ闘争」は歴史に残る日教組の「闘い」である。私が教師になる前のことでその時のことを語ることはできないが残されている書物でその様子を知ることはできる。また、先輩からじかに聞きもした。その様子を鮮やかにイメージできるようになったのは、その時以来の父母・保護者の力に支えられての教育活動ができたときからである。

加えて「勤評」「学テ」反対闘争を最後の最後まで取り組んだ府県に注目したい。和歌山県、高知県、京都府などである。その背景には、各府県地域での同和教育へのとり組みがあったことを忘れてはならない。当時の同和教育は「同和対策事業特別措置法」(一九六九年)制定以前である。紀南作文の会をはじめとする和歌山県における多くの教育実践、『未完成の記録』(水田精喜著　高知)、『わたくしの同和教育』(金子欣哉著　京都)どれをとっても教育実践への信頼から生まれた父母・地域住民との強いつながりをみることができる。

学校で子どもの未来を守るために憲法と教育基本法が示す教育活動(同和教育)をすすめる

「先生たち」を応援することは、我が子、我が地域の子どもを守ることでもあった。部落問題を解決していくために教育への期待と情熱をたかめていた。ここに生まれた教師たちと父母・地域住民の力が先の闘争を「勝利」に導いたのである。「勤評」は有名無実として形骸化。「学テ」は裁判闘争で「行政の権限を逸脱」の判決(一九六四年福岡高裁)を経て二年後には全国一斉学力テスト中止に文部省を追い込んだ。『育ち合う教育学ー戦後日本教育の核心ー』に掲載の「山内の同和教育」もその時期のとり組みである。

父母、地域住民との共同と協働があってこそ本来の教育の役割が果たせることを自らの体験から社会状況の違いを超えて認識できたから「その様子を鮮やかにイメージできるようになった」と書いた。それ故に拙著のすべてに「父母との共同」の具体例を示してきた。困難な事態を打開していく大きな「鍵」がここにある。

「勤評闘争」や「学テ闘争」、などを体験した人は八〇歳を超える高齢になっている。しかし、まだまだ元気な人が多い。戦後七〇年の今、当時の話をじかに聞くこと、それができない場合は書物で学ぶこと、をとおして日本の教育史を知る「鍵」を手にすることができる。それはまた、戦後の同和教育実践を必然的に学ぶことにもなる。『育ち合う教育学—戦後日本教育の核心—』はそうした考えのもと編んだ本である。

学習指導要領の変遷

教育現場にとって大きな影響力をもつ「学習指導要領」の変遷をたどる。

一九四七年、第二次世界大戦後しばらく行なわれていた学習指導要領は、手引きという性格であり、各学校での裁量権が大きかった。一九五三年までは学習指導要領「試案」という名称からもそれがよくわかる。小学校において、戦前からの修身、地理、歴史が廃止され、社会科が新設され、家庭科が男女共修となった。自由研究も新設された。

一九五一年から実施された学習指導要領「試案」。小学校の総授業時数は五七八〇コマ。中学校の総授業時数は三〇四五コマ。自由研究は廃止され、教科以外の活動(小学校)、特別教育活動(中学校)と改められた。中学校の習字は国語科に、国史は社会科に統合され、体育科は保健体育科に改められた。職業科は職業・家庭科に改められる。

一九五六年、高等学校の学習指導要領のみ改訂。

一九六一年、系統性を重視したカリキュラム。道徳の時間の新設、科学技術教育の向上などで教育課程の基準としての性格を明確化。公立学校に対して強制力がある学習指導要領が施行された。小・中学校の学習指導要領は一九五八年に告示され、小学校は一九六一年度から、中学校は一九六二年度から実施されたが、道徳のみ一九五八年一〇月から実施されている。高等学校の学習指導要領は一九六〇年に告示され、一九六三年度の第一学年から学年進行で実施された。

小学校六年間の総授業時数は五八二一コマ（五一年から四一コマ増）で、国・算・理・社の合計授業時数は三九四一コマ。中学校三年間の総授業時数は三三六〇コマ（五一年から三一五コマ増）。中学校の職業・家庭科が技術・家庭科に改められ、高等学校の古典、世界史、地理、数学Ⅱ、物理、化学、英語にA、B（または甲・乙）の二科目を設け、生徒の能力・適性・進路等に応じていずれかを履修させるようにするなど、科目数が大幅に増加した。高等学校の外国語が必修となったほか、科目の履修に関する規定が増加。

一九七一年、現代化カリキュラムといわれる濃密な学習指導要領。時代の進展に対応した教育内容の導入で教育内容が現代化した、といわれている。

ソ連が一九五七年に人工衛星スプートニク一号を打ち上げたことは、アメリカの各界に「スプートニク・ショック」と呼ばれる衝撃が走った。アメリカ政府は、ソ連に対抗するためにまずは学校教育を充実し、科学技術を発展させようとした。これに伴って、「教育内容の現代化運動」と呼ばれる、小中学校からかなり高度な教育を行なおうとする運動が起こった。この運動が日本にも波及し、濃密なカリキュラムが組まれたが、授業が速すぎるため「新幹線授業」などといわれ、いわゆる「落ちこぼれ」といわれる現象が出てきた時期である。当時は公立学校も私立学校もあまり違いがない学習内容だったが結局、教科書を消化することができず、教科書の内容を一部飛ばすなどしてやらない単元を残したまま進級・卒業をさせる場合もあった。小学校六年間の総授業時数は五八二一コマ(前回と変わらず)で、国・算・理・社の合計授業時数は三九四一コマ(前回と変わらず)。中学校三年間の総授業時数は三五三五コマ(六一年から五八一コマ増)。高等学校の社会科や理科で旧課程のA・Bの区分はやめ、新たに地理A(系統地理的)、地理B(地誌的)などを設置。

一九八〇年、ゆとりカリキュラムといわれる教科の学習内容が少し(この当時は土曜日も毎週授業があった)削減された学習指導要領。各教科などの目標・内容をしぼり「ゆとりある充実した学校生活を実現する」とした。一九七一年の現代化カリキュラムは過密な上、現場の準備不足があったため、ついていけない子どもが大量にでた。これに対する反省から授業内容を削減したもの。一九七六年に学習内容を削減する提言が中央教育審議会から出されていた。私立学校はあまり削減を行なわなかったので、公立学校との差がつき始めた。学習内容が全て削減されたわけではなく、「間引き」であり、系統性を欠く内容になっていった上に漢字数などはむしろ増えているため、実際はゆとりは生まれなかった。学校群制度なども影響し、公立学校の進学実績の低下が明らかになった時期でもある。

いわゆる「ゆとり」への方向性は、一九七二年の日教組の提起以降、中曽根政権下での臨時教育審議会の答申などを踏まえて整備され、土曜日の隔週休日の導入、完全週休二日制への移行などの経緯をたどった。

マスコミで大きく「ゆとり教育」が取り上げられるようになったのは二〇〇二年からの第七次改訂からである。小学校六年間の総授業時数は五七八五コマ（六一年から三六コマ減）で、国・算・理・社の合計授業時数は三六五九コマ（六一年から二八二コマ減）。中学校三年間の総授業時数は三一五〇コマ（六一年から三八五コマ減）。中学校の選択教科の選択肢が拡大。高等学校の科目履修の基準が緩和された。

一九九二年、新学力観が登場。個性を生かす教育として改定された。教科の学習内容をさらに削減した学習指導要領。生活科の新設、道徳教育の充実などで社会の変化に自ら対応できる心豊かな人間の育成を実現するとした。学習指導要領は一九八九年に告示され、小学校は一九九二年度、中学校は一九九三年度から実施。高等学校は一九九四年度の第一学年から学年進行で実施された。小学校六年間の総授業時数は五七八五コマ（変わらず）で、国・算・理・社・生活の合計授業時数は三六五九コマ（変わらず）。中学校三年間の総授業時数は三一五〇コマ（変わらず）。小学校の一・二年では理科・社会科を廃止、生活科が導入される。高等学校では社会科を地理歴史科（世界史・日本史の各A科目は、近現代史を中心とした構成で、各B科目は古代からの全体的な内容から構成されている。地理Aは自然地理中心の構成に対して、地理Bは系統地理学や地誌学を織り込んだ全体的な内容になっている。旧来の科目構成は、事実上Bに移行している）と公民科に再編するとともに、家庭科を男女必修とした。

二〇〇二年、戦後七度目の改訂の学習指導要領。教育内容の厳選、「総合的な学習の時間」の新設により、基礎・基本を確実に身に付けさせ、「いかに社会が変化しようと、自分で課題を見つけ、自ら学び、自ら考え、主体的に判断し、行動し、よりよく問題を解決する資質や能力」などの「生きる力」の育成を宣言し、生涯学習社会への移行を促す、とする改訂。（本文中にその「正体」を詳述）小中学校の学習指導要領は一九九八年に告示され、二〇〇二年度から実施。高等学校の学習指導要領は一九九九年に告示され、二〇〇三年度の第一学年から学年進行で実施。内容の一部については二〇〇〇年度から「前倒し」で実施された。小学校六年間の総授業時数は五三六七コマ（九二比四一八減）で、国・算・理・社・生活の合計授業時数は三一四八コマ（九二比五一一減）。中学校三年間の総授業時数は二九四〇コマ（九二比二一〇減）。学校完全週五日制が実施され、中学校では英語が必修となった（実質的には大部分の学校で以前も事実上必修扱いであった）。また、小学校中学年から高等学校において総合的な学習の時間が、高等学校において情報科および福祉科が創設された。その一方で、教科の学習内容が大幅に削減され、さらに、中学校・高等学校においてはクラブ活動（部活動）に関する規定が削除された。

　これまでにも、学習指導要領の改訂で既に教育のゆとり路線が段階的に強化されつつあったが、この二〇〇二年度から実施された学習指導要領は学習内容の大幅な削減（円周率は3など）、完全学校週五日制の実施、総合的な学習の時間の新設など、今までのものに比べて大幅に改訂された。そのため、一般には二〇〇二年度がいわゆる「ゆとり教育」の始まりとされている。

拙著『学校五日制と学力・生活・集団』に取り上げているが、教育課程審議会委員の三浦朱門は、「できん者はできんままで結構。非才は実直な精神だけ養っておくべし。一〇〇人に二人や三人はいるはずのエリートだけ伸ばせばよい」という発言や曾野綾子の「二次方程式などは社会へ出て何の役にも立たないので、このようなものは追放すべきだ」などという主張を受けて、教育課程審議会は、ゆとり教育には肯定的な立場をとった。公立学校と私立学校との差が大きくなったり、学習塾や予備校に通わないと高い学力が身に付かなくなったりすることに対して、現場教職員や教育研究者、ジャーナリストらが日本社会の階層化を推し進めるものだと批判。文科次官を務めた小野元之、文科大臣を務めた遠山敦子らが在職当時、新学習指導要領に反対の立場から学習指導要領を超える記述を容認したこともある。また、教育研究者のなかでも市川伸一や佐藤学など学力低下に不安を示しながらもゆとり教育そのものには反対しない立場を主張した。

さらに、教育現場の否定的現象（低学力、不登校・登校拒否、暴力、学級崩壊、とりわけ「いじめ」問題）などと「学習指導要領改訂」のかかわりが議論されるようになる。

二〇一一年、戦後八度目の改訂の学習指導要領では、ゆとりでも詰め込みでもなく、知識、道徳、体力のバランスとれた力である「生きる力」の育成を実現する、とした。脱ゆとり教育とも呼ばれるもの。

時の文部科学大臣・中山成彬は二〇〇五年、中教審に学力低下騒動のあった前指導要領の全面的な見直しを要請。これを受け中教審は二〇〇七年、「審議のまとめ」で、成果はあったものの課題が残ると発表。それを受け、文部科学省は、新しい指導要領を「ゆとり」か「詰め込み」かではなく「生きる力」をはぐくむ教育とし、基礎的な知識や技能の習得と思考力、判断力、表現力の育成を強調している。

二〇〇八年に幼稚園教育要領・小学校学習指導要領・中学校学習指導要領が公示され、幼稚園では二〇〇九年度、小学校では二〇一一年度、中学校では二〇一二年度から完全実施。二〇〇九年に高等学校学習指導要領、特別支援学校学習指導要領（先立って特別支援学校制度が開始されたに伴い、従来の「盲学校、聾学校及び養護学校学習指導要領」より変更）が公示され、高等学校では二〇一三年度の第一学年から学年進行で実施され（一部内容は、二〇一〇年度より前倒し実施）、特別支援学校では幼・小・中・高等学校の実施スケジュールに準拠して実施された。内容の一部については、小学校では二〇〇九年度～二〇一〇年度、中学校では二〇〇九年度～二〇一一年度の移行措置の実施、高等学校では福祉は二〇〇九年度入学者より学年進行で、新指導要領上の九科目中八科目を従来の指導要領上の七科目と重畳させる形で先行導入し（新指導要領上の科目の完全実施は、他教科と同じ二〇一三年度入学者より学年進行で実施）、数学・理科は他教科より一年前倒しで導入する形で二〇一二年度（高校の第一学年）から、学年進行で先行実施されている。

一九八〇年の改訂以来、減り続けてきた授業時間はおよそ三〇年ぶりに増加。小学校の授業時数は六年間で現行より二七八コマ増えて五六四五コマ、中学校は三年間で一〇五コマ増え三〇四五コマとなる。前指導要領から開始された総合的な学習の時間の総授業時間数は大幅に削減され、主要五教科（国語、算数・数学、理科、社会、英語）及び保健体育の総授業時間が増加。

小学 五、六年生に「外国語活動」の時間を創設。高校では「英語Ⅰ・Ⅱ」、「オーラルコミュニケーションⅠ・Ⅱ」、「リーディング」、「ライティング」を「コミュニケーション英語Ⅰ・Ⅱ・Ⅲ・基礎」等と改名し、英語で授業を行うことを原則としている。算数・数学や理科等で、前回削減された内容の復活。伝統や文化（古文、文化遺産、武道など）に関する教育を充実。また、二〇一二年四月から中学校の体育で男女共に武道とダンスを必修とした（移行措置により二〇〇九年度～二〇一一年度から実施した中学校もある）。武道は原則として柔道、剣道、相撲から選択。柔道を実施する学校が多いが、地域によってはその他の武道も実施する場合もある。

領土関係については、地理的分野・科目においては、「竹島は日本国の固有の領土であるが、現在は韓国によって不法に占拠されているため、韓国に対して累次にわたり抗議を行っていること」を、「尖閣諸島は日本国の固有の領土であり、また現に日本国がこれを有効に支配しており、解決すべき領有権の問題は存在していないこと」を明確にした。また、歴史的分野・科目においては、「日本国が国際法上正当な根拠に基づき竹島、尖閣諸島を正式に領土に編入した経緯」についても取り上げることとした、としている。

そして、自然災害関係については、地理的分野・科目において、日本国は東日本大震災などの大規模な地震や毎年全国各地に被害をもたらす台風など、多様な自然災害の発生しやすい地域が多いことから、防災対策にとどまらず、災害時の対応や復旧、復興を見据えた視点からも取扱い、その際、消防・警察・海上保安庁・自衛隊をはじめとする国や地方公共団体の諸機関や担当部局、地域の人々やボランティアなどが連携して、災害情報の提供、被災者への救援や救助、緊急避難場所の設営などを行い、地域の人々の生命や安全の確保のために活動していることなどを盛り込んでいる。

二〇一五年 三月二七日、本文で取り上げているとおり、学習指導要領を一部改正し、これまで教科外活動（領域）であった小学校・中学校の「道徳」を、「特別の教科 道徳」とし、教科へ格上げ。小学校では二〇一五年度～二〇一七年度の移行措置を経て、二〇一八年度から完全実施、中学校では二〇一五年度～二〇一八年度の移行措置を経て、二〇一九年度から完全実施、としている。具体的な改訂の要点は、道徳科に検定教科書を導入したこと。そして、その内容について、いじめの問題への対応の充実や発達の段階をより一層踏まえた体系的なものに改善するという。「個性の伸長」「相互理解、寛容」「公正、公平、社会正義」「国際理解、国際親善」「よりよく生きる喜び」の内容項目を小学校に追加。

指導方法についても「問題解決的な学習や体験的な学習などを取り入れ」工夫する、としている。

評価については、「数値評価ではなく、児童生徒の道徳性に係る成長の様子を把握し、文章表記で評価」としている。

道徳の教科化が何をねらいとしているのかについては、本文に詳述。

授業時数は、引き続き年間三五コマ（小学校一年生は年間三四コマ）の週一時間。

私立小・中学校は、これまでどおり「道徳科」に代えて「宗教」を行うことが可能。

主要参考文献

「教育委員会制度改革について」(文科省ホームページ　二〇一五年)
雑誌『すばる』(集英社　二〇一五年一〇月号)「国民のための新しい道徳教科書」
『新しい道徳』(北野　武著　幻冬舎　二〇一五年)
『教育改革はアメリカの失敗を追いかける』(山本由美著　花伝社　二〇一五年)
『週刊東洋経済』(二〇一五年一〇月三日号)
『経済的徴兵制』(布施祐人著　集英社新書　二〇一五年一一月)
『専門家として教師を育てる』(佐藤　学著　岩波書店　二〇一五年)
『学校の戦後史』(木村　元著　岩波書店　二〇一五年)
「いじめ防止対策推進法」(二〇一三年)
『ショック・ドクトリン惨事便乗型資本主義の正体を暴く』上・下刊(ナオミ・クライン著　岩波書店　二〇一一年)
『知事抹殺　―　つくられた福島県汚職事件』(平凡社　二〇〇九年)
『ルポ　貧困大国アメリカ』(堤未果著　岩波新書　二〇〇八年)
「新たな行政マネージメントの実現に向けて」(総務省　二〇〇二年)
「雇用構造三つの類型化」(日経連　一九九五年)

『日本教育史年表』（三省堂　一九九〇年刊）

自著・共編著

『育ち合う教育学―戦後日本教育の核心―』（部落問題研究所刊　二〇一五年　五月）

『明日を拓く』《どの子も伸びる研究会四〇周年記念誌》（部落問題研究所刊　二〇一四年　四月）

『こうすれば克服できる「いじめ」問題』（たかの書房刊　二〇〇七年）

『学ぼう！生かそう！教育基本法』（たかの書房刊　二〇〇三年）

『学校五日制と学力・生活・集団』（たかの書房刊　二〇〇二年）

『子どもの人権と教育のゆくえ』（たかの書房刊　二〇〇一年）

『「荒れる」子を前に　親と子は』（たかの書房刊　一九九八年

『「いじめ」克服は授業実践で』（たかの書房刊　一九九六年刊）

『人間になるんだ』シリーズ全六巻（部落問題研究所刊　一九八三年～二〇〇一年）

文科省、総務省、政府、財界等の提言、報告書等、Ｗｉｋｉｐｅｄｉａ（インターネット百科事典）はインターネット上でアクセスすれば誰にでも閲覧することができる。依拠した資料も少なくない。しかし、その数は膨大ですべてを読み込むことは不可能である。そうした公開情報は「新自由主義と教育改革」という視点から渉猟《しょうりょう》し、活用した。

著者紹介

河瀬哲也(かわせてつや)

1944年　滋賀県生まれ。

1967年　三重大学教育学部卒業。滋賀県内公立学校教員。

1983年　滋賀県同和教育研究会専従事務局員出向。(内1988年度から1991年度事務局長)

1992年　滋賀県内公立学校に復帰。

1993年　公立学校教員退職。

1994年　どの子も伸びる研究会事務局長
教育誌『どの子も伸びる』編集長
部落問題研究所理事(2001年度から2005年度常務理事)
1984年～1998年 滋賀大教育学部･鳥取大教育学部非常勤講師

2015年～　河瀬哲也 育ち合う教育学研究室 室長

著書 『人間になるんだ』上巻〈5年生〉(部落問題研究所)
『人間になるんだ』下巻〈6年生〉(部落問題研究所)
『これが1年生』(部落問題研究所)
『せんせいだいすき―これが2年生―』(部落問題研究所)
『こどもだいすき―これが3年生―』(部落問題研究所)
『学校だいすき―これが4年生―』(部落問題研究所) 以上シリーズ
『教師の力量形成と同和教育』(部落問題研究所)
『小学校の同和教育』同和教実践選書32(同刊行会)
『「いじめ」克服は授業実践で』(たかの書房)
『「荒れる子」を前に―親と教師は―』(たかの書房)
『子どもの人権と教育のゆくえ―少年事件と教育改革―』(たかの書房)
『学校五日制と学力･生活･集団』(たかの書房)
『学ぼう！生かそう！教育基本法』(たかの書房)
『こうすれば克服できる「いじめ」問題』(たかの書房)

編 著『どの子も伸びる学級づくり』(部落問題研究所)
『明日を拓く―どの子も伸びる研究会40周年記念誌』(部落問題研究所)
『育ち合う教育学―戦後日本教育の核心―』(部落問題研究所)

専門家として本物の先生になるんだ

二〇一六年四月一二日初版発行

著者　河瀬哲也

編者　河瀬哲也　育ち合う教育学研究室

滋賀県長浜市新庄寺町178—7

TEL　0749-62-7999

発行者　尾川昌法

発行所　公益社団法人部落問題研究所出版部

京都市左京区高野西開町34—11

075-721-6108

ブックデザイン　BAQ

ISBN 978—4—8298—4522—6 C0037

印刷・製本　有限会社おぎした印刷

乱丁・落丁はお取り替えします